시간에 쫓기는 아이,
시간을 창조하는 아이

시간에 쫓기는 아이, 시간을 창조하는 아이

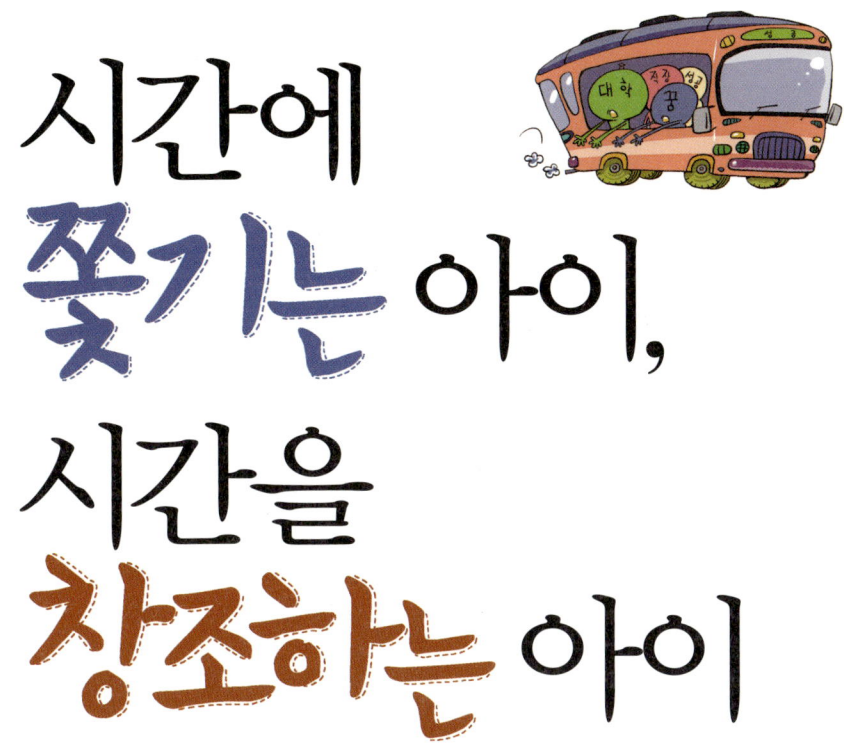

유성은 지음 | 나일영 그림

해냄주니어

 머리말

여러분에게는 시간이라는 큰 재산이 있습니다

여러분은 하루 시간을 어떻게 사용하고 있나요? 사람들은 저마다 시간을 사용하는 방법이 달라요. 시간을 잘 쓰는 사람은 어떤 일이 닥쳐도 당황하지 않고 척척 해 내지요.

미국 하버드 대학교의 리처드 라이트 교수는 15년간 하버드 대학생 1,600명을 인터뷰하였어요. 그런데 흥미로운 사실은 공부를 잘하는 학생은 예외 없이 시간을 잘 관리한 학생이었다는 것이에요. 세계적인 업적을 이룬 빌 게이츠 전 마이크로소프트사 회장, 반기문 UN 사무총장, 이순신 장군 같은 사람들의 공통점도 모두 시간을 황금처럼 아꼈고, 1초의 시간도 낭비하지 않기 위해서 시간 관리를 철저히 했다는 점이에요.

아직은 '시간을 관리한다', '시간을 활용한다' 라는 말이 여러분에게 좀 낯설게 느껴질 거예요. 하지만 어려운 것이 아니에요. 이것은 시간을 제멋대로 쓰지 않고 계획적으로 쓴다는 말이니까요. 용돈을 쓰는 것과 마찬가지로 나에게 주어진 시간을 미리 계획을 세워서 써야지 낭비하는 시간이 생기지 않아요.

시간을 관리하는 방법을 알면 학교 성적도 쑥쑥 오른답니다. 나쁜 습관을 버리고 좋은 습관을 기를 수 있게 도와주기도 할 거예요. 얼마나 신기하고 신나는 일인가요?

하루 30분씩 6일간 매일 시간 관리 방법을 공부해 보세요. 그날 학습한 내용을 잘 정리하고 각 장의 끝부분에 있는 '오늘 나는 이렇게 시간을 보냈습니다.'도 꼭 적어 보세요. 혼자 하기 어렵다면 엄마나 아빠에게 조언을 구하세요. 처음에는 어렵겠지만 한 주가 지나고 두 주가 지나면 더 이상 어렵지 않을 거예요.

시간은 여러분이 가진 최고의 재산이에요. 미래의 꿈을 이루느냐 못 이루느냐의 차이는 어린 시절에 시간 활용을 어떻게 했느냐에 따라 달라진답니다.

이 책을 통해 여러분 모두가 시간의 소중한 가치를 깨닫고, 시간 관리 전문가가 되기를 바랍니다. 아마 10년 후, 20년 후, 30년 후에는 이 책을 읽으며 세운 목표를 모두 이룬 사람이 되어 있을 것이라 기대합니다.

유성은 선생님으로부터

차례

나의 시간 활용표 8
시간의 중요성을 알려 주는 세계적인 명언들 9
나는 시간을 얼마나 잘 활용하고 있나? - 체크해 보기 10

첫째 날 시간의 개념과 가치 1초가 황금보다 비싸다고?

1초는 시간의 기본 14
시간이란 무엇일까요? 16
시간 관리에 성공한 위인들 : 벤자민 프랭클린 "시간은 돈이다" 20
시간이라는 도둑을 잡는다 26

둘째 날 어린이 시간 관리의 필요성 시간 낭비는 인생 최대의 실수

지혜가 필요한 시간 관리 36
시간 관리는 왜 중요할까? 38
시간 관리에 성공한 위인들 : 빌 게이츠 "1초도 낭비하지 않는다" 42
좋은 습관 목록을 작성한다 48

셋째 날 짧은 시간을 잘 쓰는 법 5분 동안 할 수 있는 일을 모두 말해 봐!

인생을 결정하는 5분 58
5분을 잘 활용하려면? 60
시간 관리에 성공한 위인들 : 공병우 "시간은 생명이다" 64
정리 정돈을 시작한다 70

넷째 날 목표를 세우는 방법 127가지 목표도 이룰 수 있다

목표 127가지를 이룬 사람 78
목표 달성의 비밀은 무엇일까? 80
시간 관리에 성공한 위인들 : 반기문 "목표를 정하면 돌아보지 않는다" 84
지켜야 할 원칙을 세운다 90

다섯째 날 목표를 실천하는 계획 짜기 계획을 세우면 버릴 시간이 없다

성공을 약속하는 계획의 힘 100
계획을 세우는 습관을 키우려면? 102
시간 관리에 성공한 위인들 : 류비세프 "통계로 시간을 정복한다" 106
자투리 시간 활용 계획을 세운다 112

여섯째 날 일의 우선순위를 정하는 법 급한 일과 중요한 일 중심으로!

가장 먼저 해야 할 일 122
우선순위를 잘 정하는 방법은? 124
시간 관리에 성공한 위인들 : 이순신 "이길 수 없는 싸움은 없다" 128
독서로 미래의 시간을 절약한다 134

부록 1 엄마와 아이가 함께 쓰는 시간 일기 141
부록 2 꿈을 이루어 주는 시간표 만들기 154

나의 시간 활용표

지금 시간을 어떻게 활용하고 있나 잘 생각해 보세요. 그리고 아래 빈 시계에 솔직하게 적어 보세요.

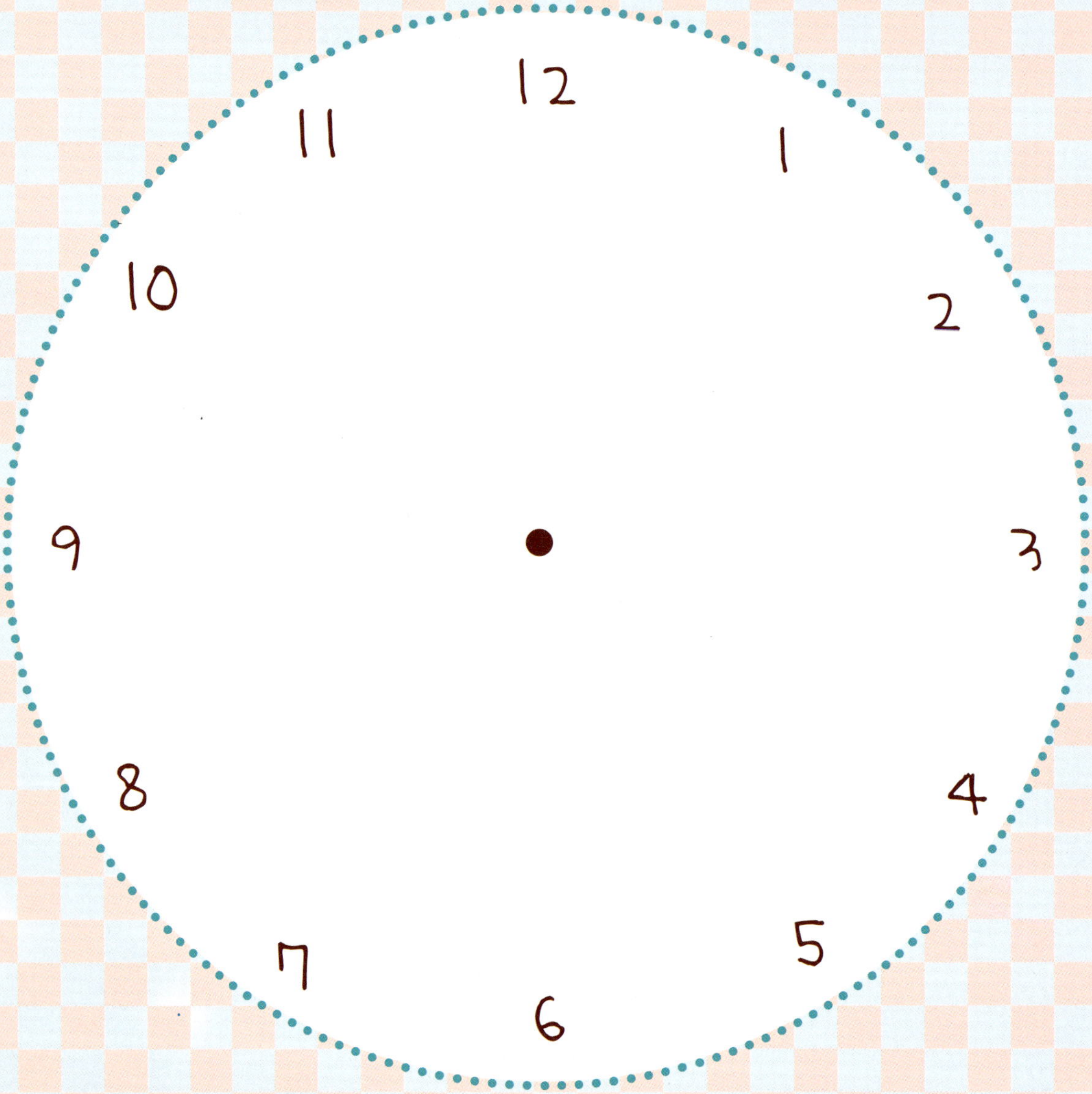

시간의 중요성을 알려 주는 세계적인 명언들

- 변명 중에서도 가장 어리석고 못난 변명이 '시간이 없어서'라는 변명이다.
  — 에디슨(미국의 발명가)

- 보통 사람은 시간을 소비하는 것에 마음을 쓰고, 재능 있는 사람은 시간을 이용하는 것에 마음을 쓴다.
  — 쇼펜하우어(독일의 철학자)

- 사람은 돈을 시간보다 중히 여기지만, 그로 인해 잃어버린 시간은 돈으로 살 수 없다.
  — 유태인 격언

- 짬을 이용하지 못하는 사람은 항상 짬이 없다.
  — 유럽 속담

- 승자는 시간을 관리하며 살고, 패자는 시간에 끌려다니며 산다.
  — J. 하비스(수영 선수)

- 삼십 분은 티끌과 같은 시간이라고 말하지 말고, 그동안이라도 티끌과 같은 일을 처리하는 것이 현명한 방법이다.
  — 괴테(독일의 시인)

- 선천적으로 현명한 사람은 없다. 시간이 모든 것을 완성한다.
  — 세르반테스(에스파냐의 소설가)

- 과거는 과거다. 과거보다 미래가 더 중요하다. 미래보다 현재가 더 중요하다. 현재보다 오늘이 더 중요하다. 오늘보다 지금이 더 중요하다.
  — A. 모루아(프랑스의 전기 작가)

- 시간을 지배할 줄 아는 사람은 인생을 지배할 줄 아는 사람이다.
  — 에센 바흐(독일의 시인)

나는 시간을 얼마나 잘 활용하고 있나?
— 체크해 보기

다음 질문에 해당이 되면 '예', 안 되면 '아니요'에 표시하세요.

	예	아니요
1) 나는 공부하는 것보다 노는 것이 훨씬 좋다.		
2) 나는 시간표에 따라 사는 것보다 내 기분대로 사는 것이 좋다.		
3) 나는 매일 일기를 쓴다.		
4) 나는 공부해야 할 과목이 너무 많기 때문에 어떤 과목을 먼저 해야 할지 모른다.		
5) 나는 숙제를 하다가도 친구가 부르면 다 마치지 않고 나가서 논다.		
6) 나는 책을 읽는 것이 매우 즐겁다.		
7) 나는 내가 해야 할 일은 남이 시키지 않아도 스스로 한다.		
8) 나는 공부할 때 잡념이 많이 생겨서 공부가 제대로 되지 않는다.		
9) 나는 일어나는 시간, 식사하는 시간, 잠자는 시간이 일정하다.		
10) 나는 놀 때는 공부에 대해서 생각하지 않고 신나게 논다.		

	예	아니요

11) 나는 앞으로 해야 할 일에 대해 걱정이 많다.

12) 나는 누가 깨우지 않아도 매일 아침 일찍 일어난다.

13) 나는 나만의 수첩을 사용하고 있다.

14) 나는 내 친구의 의견에 많이 끌려간다.

15) 나는 지금보다 더 많은 시간을 공부하면 성적이 많이 올라가리라고 생각한다.

16) 나는 텔레비전 보는 것이나 컴퓨터 게임 같은 노는 일에 한번 빠지면 시간 가는 줄 모른다.

17) 내 책상 위에는 항상 물건이 놓여 있어서 지저분하다.

18) 나는 공부 계획표를 세워 놓고 공부한다.

19) 나는 내 발전을 위해 정기적으로 하는 일이 있다. (예: 운동, 글쓰기 연습, 피아노 연습, 예습과 복습, 영어 공부)

20) 나는 약속을 잘 지킨다. 다른 사람과의 약속, 그리고 나와의 약속도 잘 지킨다.

마음잡기 툴 (답을 맞혀보세요.) 개수가 15~20개이면 양호 / 10~14개이면 부족 / 0~9개이면 두뇌 훈련 필요.

1) 아니오 2) 아니오 3) 예 4) 아니오 5) 아니오 6) 예 7) 예 8) 아니오 9) 예 10) 예
11) 아니오 12) 예 13) 예 14) 아니오 15) 예 16) 아니오 17) 아니오 18) 예 19) 예 20) 예

- 1초는 시간의 기본
- 시간이란 무엇일까요?
- 시간 관리에 성공한 위인들 : 벤자민 프랭클린 "시간은 돈이다"
- 시간이라는 도둑을 잡는다

 첫째 날

시간의 개념과 가치

1초가 황금보다 비싸다고?

1초는 시간의 기본

시계가 없었을 때는 시간을 어떻게 알았을까요?
해의 움직임을 보고 시간을 짐작했습니다.
시계는 이백 년 전에 처음 등장했어요.
그때부터 시간을 잴 수 있게 되었고, 시간을 활용하게 되었답니다.

평생 시계만을 만지며 살아온 시계방 주인이 있었어요.

어느 날, 시계방 주인은 자기 아들한테 주려고 시계를 하나 만들었어요. 시계방 주인은 시계의 초침을 황금으로 빚었어요. 그리고 분침은 은으로, 시침은 구리로 빚었지요.

곁에 있던 아들이 고개를 갸웃거리곤 물었어요.

"아버지, 시침을 황금으로 하고, 분침을 은으로, 초침을 동으로 빚어야 하지 않나요?"

"아니다. 초침이야말로 황금만큼 소중하다. 만일 초를 잃으면 황금을 잃는 것이야."

시계방 주인은 계속해서 말했어요.

"분침은 은과 같다. 분을 아끼는 사람은 그나마 은 정도는 모을 수 있단다. 하지만 시간 단위로 말하는 사람은 3등밖에 못한다."

그의 아들이 다시 물었지요.

"아니, 초가 모여서 분이 되고, 분이 모여서 시가 되는데 어떻게 시를 나타내는 시침이 제일 꼴찌예요?"

"좀 더 깊이 생각해 보려무나. 초를 아끼지 않으면 분이 있을 수 없고, 시간도 있을 수 없지. 그러니까 단 일 초라도 함부로 낭비해서는 안 된단다."

시계방 주인은 아들의 손목에 황금 초침 시계를 채워 주면서 말했어요.

"세상은 초침의 움직임에 따라 변화된다는 것을 잊지 마라. 시간이 금이 되느냐, 은이나 동이 되느냐는 초를 어떻게 쓰느냐에 달려 있단다."

시간이란 무엇일까요?

사전에 '시간'이라는 단어는 뭐라고 설명되어 있을까요?

"시간이란 시각과 시각 사이의 간격 또는 그 단위이다."

그런데 이것만으로는 시간을 다 설명할 수 없어요. 시간은 수수께끼 같은 존재예요. 우리는 시간에 대해서 잘 알아 두어야 해요. 그래야 시간을 더 잘 활용할 수 있거든요.

시간에는 물리적 시간과 심리적 시간이 있어요.

물리적 시간은 시계와 달력으로 잴 수 있는 모든 시간을 말해요. 이것은 모든 사람이 공통적으로 사용하는, 객관적 시간이라고도 하지요. "나는 오늘 아침 5시에 일어났다." "하루는 24시간이다."라는 말은 시계로 잴 수 있는 물리적 시간이지요. 이 시간은 모든 사람에게 똑같이 주어져 있어요. 시간이 가는 속도도 똑같고요.

심리적 시간은 사람마다 다르게 느껴지는 시간을 말해요. 주관적 시간이라고도 하지요. "시간이 눈 깜짝할 새에 지나갔네." "괴로운 시간이다."라는 말은 심리적 시간, 즉 마음이 느끼는 시간이지요.

조금 어렵다고요? 좀 더 쉽게 설명을 해 볼게요.

어느 초등학생이 아빠에게 주말에 낚시를 가자고 졸랐어요. 아빠는 피곤해서 집에서 쉬고 싶었지만 아들이 너무 졸라서 하는 수 없이 가기로 했어요. 마침내 주말에 아빠와 아들은 낚시를 하고 왔어요. 그날 저녁, 아들은 일기장에 "오늘은 내가 태어나서 제일 신나는 날이었다."라고 썼어요. 그런데 아빠는 "오늘은 태어나서 가장 지루한 하루였다."라고 썼지요. 같은 시간에 같은 곳에 가서 같은 경험을 했는데, 그 시간에 대해 아들과 아빠는 정반대로 느꼈어요. 둘은 서로 다른 심리적 시간을 경험한 것이지요.

또 시간에는 과거, 현재, 미래라는 시간이 있어요. 과거는 이미 지나간 시간이고, 미래는 아직 오지 않은 시간이에요. 현재는 지금 경험하고 있는 시간이지요. 이 중에 어떤 시간이 가장 중요할까요? 답은 현재예요. 그러나 과거도, 미래도 모두 의미가 있고 중요하지요.

단 1초에 일어날 수 있는 일들

- 총알이 900m를 날아가 표적을 관통하는 시간
- 땅을 적시는 비 420톤이 내리는 시간
- 빗방울을 피하기 위해 달팽이가 1cm를 이동하는 시간
- 두꺼비의 혀가 지렁이를 낚아채는 시간
- 지구가 태양으로부터 486억kw의 에너지를 얻는 시간
- 지구에서 2.4명의 아기가 탄생하는 시간
- 1.3대의 승용차와 4.2대의 텔레비전이 만들어지는 시간
- 자동차 충돌사고 10건을 예방하는 시간
- 우주에서 79개의 별이 사라지는 시간

시간은 흐른다

수업 받는 한 시간은 지루하지만, 게임하는 한 시간은 눈 깜짝할 사이에 지나갑니다. 시간에 대한 감각을 키워 보세요.

시간 감각 기르기

1. 하루 동안 자신이 한 일에 걸린 시간의 양을 분 단위까지 정확하게 재서 기록해 보세요.

   - 잠 잔 시간 _____ 시간 _____ 분
   - 식사한 시간 _____ 시간 _____ 분
   - 학교 가는 데 걸린 시간 _____ 시간 _____ 분
   - 학교에서 집에 오는 데 걸린 시간 _____ 시간 _____ 분
   - 숙제한 시간 _____ 시간 _____ 분
   - 놀이 한 시간 _____ 시간 _____ 분
   - 컴퓨터 한 시간 _____ 시간 _____ 분
   - 텔레비전 본 시간 _____ 시간 _____ 분
   - 엄마 심부름 한 시간 _____ 시간 _____ 분

2. 무엇을 할 때 시간이 빨리 가는지 3가지만 적어 보세요.
   (예: 컴퓨터 게임을 할 때, 재미있는 이야기를 들을 때 등)

   1) _____
   2) _____
   3) _____

시간은 돈이다

벤자민 프랭클린

    미국의 정치가인 벤자민 프랭클린은 젊을 때 서점에서 일한 적이 있어요. 어느 날 손님이 책 한 권을 들고 와 얼마냐고 물었어요. 프랭클린은 1달러라고 대답했어요. 그런데 손님이 책값을 깎으려고 흥정을 하기 시작하는 거예요. 그사이 약 3분이 지나갔어요. 그러자 프랭클린은 1달러 15센트를 내라고 했어요. 손님은 기분이 상했어요. 싸게 해 주기는커녕 오히려 15센트를 더 내라고 했으니까요.

    "싸게 해 달랬더니 어떻게 더 비싸게 부를 수가 있소?"

    그러자 프랭클린은 이렇게 말했어요.

    "시간은 돈보다 귀한 것인데 쓸데없는 흥정을 하느라 시간을 소비했기 때문에 그 값으로 15센트를 더 붙인 것입니다."

    프랭클린은 19세 되던 해 2년간의 영국 생활을 끝내고 미국으로 다시 돌아왔어요. 미국으로 가는 배 안에서 그는 앞으로 어떻게 살아갈 것인지를 깊이 생각하고 계획을 세웠어요. 그리고 그 계획을 일기장에 꼼꼼히 정리해 두었지요. 이때 세운 계획을 그는 세상을 뜰 때까지 꾸준히 지키면서 살았어요.

그는 또 젊었을 때 18개월간 인쇄소에서 일한 적이 있어요. 함께 일하는 직원들은 월급을 타면 연극을 보거나 술을 마시는 데 써 버렸지만 프랭클린은 그러질 않았어요. 그는 시간을 쓸데없이 보낸 적이 없어요. 사람들은 그런 그를 보고 "자네처럼 성실하고 열심히 일하는 사람을 본 적이 없네."라며 칭찬했어요.

그는 1년에 한 번씩 찍는 달력을 보고는 너무 지루하고 재미가 없다

고 생각했어요. 그래서 달력의 날짜마다 좋은 말 몇 마디를 써 넣고 '가난한 리차드의 달력'이라는 이름을 붙여 제작해 팔았어요. 사람들의 반응이 매우 좋았어요. 나중에 이 달력은 전 세계적으로 큰 인기를 끌었지요. 이로 인해 프랭클린은 돈도 많이 벌었어요.

▪▪▪

벤자민 프랭클린은 1706년 미국 보스턴의 가난한 가정에서 태어났어요. 어릴 적 2년간 학교를 다닌 것 말고는 정규 교육을 받은 적이 없어요.

하지만 프랭클린은 자신의 환경을 비관하지 않고 주어진 환경 속에서 최선을 다했어요. 그는 자신의 가능성을 최대로 끌어내어 위대한 업적을 남겼어요.

'벤자민 프랭클린' 하면 '아, 전기를 발견하고 피뢰침을 발명한 사람'이라고 생각할 거예요. 맞아요. 하지만 그것 말고도 중요한 업적을 남겼어요.

그는 25세 때 미국에 처음으로 도서관을 세웠어요. 31세에는 우편 제도를 만들었지요. 오늘날 우체국도 그가 처음 만든 것이에요. 또 같은 해에 소방서를 세웠어요. 34세에 피뢰침을 발명하고, 36세에 열 난로를 고안했어요. 40세에 전기 인쇄기를 처음으로 만들었어요. 45세에 펜실베이니아 대학을 설립했어요. 79세에 원시와 근시 겸용 안경을 만들었어요. 하모니카를 만들기도 했어요.

그는 84세 때까지 이런 모든 일을 했어요.

프랭클린이 이렇게 많은 일을 할 수 있었던 비결은 무엇이었을까요?

우선 그는 자신이 처한 환경을 그대로 받아들였어요. **환경이나 남을 탓하고 불평하는 것은 크나큰 시간 낭비임을 안 거예요.** 그는 매우 부지런히 일을 했어요.

또 일을 할 때는 머리를 써서 했어요. 그래서 그는 많은 발명을 해냈어요. **머리를 써서 일하는 것은 뛰어난 시간 관리 방식이지요.**

그는 좋은 습관을 기르고 좋지 못한 습관은 고치려고 끊임없이 노력했어요. 그는 시간 관리의 핵심을 잘 이해하고 있었어요. **좋은 습관은 시간 관리를 잘하게 하고, 좋지 못한 습관은 시간 관리에 방해가 되지요.**

자, 그가 살던 시대와 우리가 사는 시대를 비교해 보세요. 우리는 프랭클린보다 100배 더 나은 환경에 살고 있지 않나요? 그런데 얼마나 노력을 하고 있나요?

인류를 위해 많은 업적을 남긴 벤자민 프랭클린

프랭클린은 인류를 위해 많은 업적을 남겼어요. 그는 미국이 처음 세워질 때 아주 중요한 역할을 했고, 여러 분야에 수많은 공헌을 했어요. 그는 5개 국어를 사용한 언어학자였고 경제가요, 철학자이기도 했어요. 외교관이며 인쇄가요, 출판가이기도 했지요. 체신장관도 했고 영국에 대사로 가기도 했으며 제헌국회의원으로도 일했어요. 그런데 그가 학교에 다닌 햇수는 전부 합쳐서 2년이에요.

프랭클린에게 배우는 시간 관리법

프랭클린은 꼭 지켜야 할 13가지 덕목을 수첩에 적었어요. 그리고 일주일마다 한 가지씩 집중적으로 실천했지요.

시간 정복 시작하기

1. 프랭클린의 이야기 중, 가장 감동이 되는 것은 무엇인가요?

   _____
   _____

2. 프랭클린이 가진 삶의 태도 중 내가 배우고 싶은 점이 있다면 무엇인지 말해 보세요.

   _____
   _____

3. 프랭클린이 어려서부터 익힌 글 솜씨는 그의 성공에 큰 도움이 되었다고 해요. 프랭클린처럼 글을 잘 쓰려면 어떻게 해야 할까요?

   _____
   _____

시간이라는 도둑을 잡는다

-10년 후-

게임, 텔레비전에 시간을 빼앗기다간 여러분의 꿈이 사라져 버릴 수 있어요.

텔레비전, 컴퓨터, 휴대 전화는 문명의 발달이 가져온 좋은 도구예요. 그것을 잘 사용하면 많은 도움이 되지요. 사람들은 텔레비전을 보면서 휴식을 취하고, 오락을 즐기고, 강의도 들어요.

컴퓨터는 더 다양한 혜택을 주지요. 특히 정보의 바다라고 불리는 인터넷은 필요한 정보를 즉시 제공해 주는가 하면 동영상과 음악을 감상하게 해 줘요. 컴퓨터를 통해 서로 대화도 하고 이메일을 주고받기도 해요. 물건을 사거나 광고를 할 수도, 교육을 받을 수도 있어요. 컴퓨터를 잘 사용하면 의외로 시간 낭비를 많이 줄일 수 있어요.

휴대 전화는 얼마나 편리한가요? 휴대 전화는 우리 생활의 필수품으로, 어디서든 손쉽게 통화가 가능해 복잡한 일도 간단히 끝낼 수 있어요. 또 기록을 할 수 있고, 촬영을 할 수도 있으며, 은행 업무도 볼 수 있지요. 인터넷 접속도 가능하고요.

하지만 **이런 좋은 도구들도 분별력 없이 자꾸 사용하면 중독이 되고 말아요.** 중독이 되면 시간을 엄청나게 낭비하게 되지요. 휴대 전화는 시간뿐 아니라 돈도 잡아먹어요. 이런 것들에 중독이 되면 다른 중요한 일을 하지 못하니 정상적인 삶을 살아갈 수 없어요. 자연히 다른 사람에게 뒤떨어지게 되지요.

자, 그러면 어떻게 해야 할까요? 이런 도구가 주는 유익한 점과 해로운 점을 잘 파악해서 올바르게 사용하는 거예요. 그럼 텔레비전과 컴

퓨터, 휴대 전화의 올바른 사용법에 대해 알아봐요.

텔레비전

텔레비전을 잘 활용하려면 우선 텔레비전 보는 규칙을 정해 놓고 그것을 지키는 게 중요해요. 물론 가족 간의 합의가 필요하겠지요. 어린이들이 텔레비전을 너무 좋아하면 책 읽을 시간이나 친구와 노는 시간이 줄어들어요. 그럼 텔레비전 보는 규칙을 어떻게 정하면 좋을까요? 집집마다 조금씩 다르겠지만, 아직 규칙을 정하지 못했다면 이렇게 해 보세요.

우리 집 텔레비전 시청 규칙

- 하루 동안 최대로 볼 수 있는 시간의 양을 정한다.
  (예: 1시간 혹은 2시간 동안만 본다.)
- 프로그램 편성표를 보고 꼭 볼 프로그램을 선택한다. 어린이들은 나이에 알맞은 프로그램을 선택한다.
- 일주일에 하루는 텔레비전을 끄는 날로 정하고, 대신 가족과 대화하는 시간을 갖는다.
- 부모와 대화를 하며 좋은 프로그램을 선택하는 능력을 꾸준히 기른다.

휴대 전화

휴대 전화는 아주 편리한 도구지만 그 폐해도 만만치 않아요. 절제해서 지혜롭게 사용하지 않으면 시간과 돈 낭비의 주범이 되기도 해요. 자신에게 알맞은 사용 원칙을 정해 보세요.

나의 휴대 전화 사용 원칙

- 학교에서 공부할 때는 휴대 전화를 반드시 끈다.
  진동으로 바꾸어 놓지도 않는다. 진동으로 바꾸어 놓으면 수시로 수신 여부를 확인하게 되고 작은 진동에도 민감해져서 공부에 집중할 수가 없게 되기 때문이다.
- 하루에 일정 시간만을 정해서 통화하는 습관을 들인다.
- 통화를 할 때는 3분 이내로 끝낼 수 있도록 한다.
  긴 내용은 만나서 이야기하는 것이 시간을 아낄 수 있고 통화 요금도 대폭 줄일 수 있다.
- 지하철이나 버스 안 같은 공공장소에서는 큰 소리로 오랫동안 통화하지 않도록 주의한다.

컴퓨터

컴퓨터 앞에 앉아 있는 시간이 점점 길어지는 것은 나쁜 징조예요. 그런 현상이 계속되면 게임이나 인터넷 중독으로 빠지게 됩니다. 중독이 되면 치료가 매우 어려워요. 예방이 최선의 방법이에요.

　컴퓨터의 황제인 빌 게이츠도 그의 11살짜리 큰딸이 컴퓨터 게임에 빠져 고민을 한다고 해요. 그래서 그의 아내와 상의해 컴퓨터 사용 규칙을 다음과 같이 정했어요.

빌 게이츠 집의 컴퓨터 사용 원칙

- 컴퓨터 게임은 하루 45분 이내로만 제한한다. 단 주말은 1시간까지 가능.
- 방문하는 인터넷 사이트를 체크한다.
- 부모가 없을 때 아이가 컴퓨터를 얼마나 사용했는지 확인한다.
- 인터넷에서 본 내용에 대해 부모와 대화를 나눈다.
- 자녀가 어떤 소프트웨어를 사용하는지도 확인한다.
- 몇 살까지 컴퓨터 사용을 통제해야 하는지는 가족이 합의해 결정한다.

시간 정복 실천하기

1. 나는 하루에 텔레비전, 컴퓨터, 휴대 전화를 얼마나 사용하나요? 사용 시간을 적어 보세요.

   - 텔레비전 _____ 시간 _____ 분
   - 컴퓨터 _____ 시간 _____ 분
   - 휴대 전화 _____ 시간 _____ 분

2. 책 내용을 참고로 해서, 위 3가지에 대해 자기가 꼭 지켜야 할 사용 원칙을 한 가지씩만 기록해 보세요

   - 텔레비전 _____
   - 컴퓨터 _____
   - 휴대 전화 _____

3. 텔레비전이나 컴퓨터에 중독되지 않으려면 어떻게 해야 할까요?
   _____

4. 다른 사람에게 피해를 주지 않고 휴대 전화를 효과적으로 사용할 수 있는 방법을 적어 보세요.
   _____

오늘 나는 이렇게 시간을 보냈습니다.

_____년 _____월 _____일 _____요일

시간(오전)	무슨 일을 했나?	시간(오전)	무슨 일을 했나?

6   00
     15
     30
     45
		10 00
		      15
		      30
		      45	

7   00
     15
     30
     45
		11 00
		      15
		      30
		      45	

8   00
     15
     30
     45
		12 00
		      15
		      30
		      45	

9   00
     15
     30
     45			

시간(오후)	무슨 일을 했나?	시간(오후)	무슨 일을 했나?
1 (00/15/30/45)		6 (00/15/30/45)	
2 (00/15/30/45)		7 (00/15/30/45)	
3 (00/15/30/45)		8 (00/15/30/45)	
4 (00/15/30/45)		9 (00/15/30/45)	
5 (00/15/30/45)			

내가 오늘 정복한 시간은?
○○시간 ○○분

- 지혜가 필요한 시간 관리
- 시간 관리는 왜 중요할까?
- 시간 관리에 성공한 위인들 : 빌 게이츠 "1초도 낭비하지 않는다"
- 좋은 습관 목록을 작성한다

 둘째 날

어린이 시간 관리의 필요성

시간 낭비는 인생 최대의 실수

지혜가 필요한 시간 관리

하루는 24시간이에요. 그렇지만 어떤 사람은
하루를 28시간처럼 살고 어떤 사람은 하루를 48시간처럼 살아요.
어떻게 그것이 가능할까요? 바로 시간을 잘 활용하는 방법을
알고 있기 때문이에요. 여러분도 그 방법을 알고 싶으세요?

어느 나라의 한 귀족이 먼 나라로 여행을 떠나게 되었어요.

그는 여행을 떠나기 전 일꾼 3명을 불러서 각각 1개의 은전을 주었어요. 그것을 가지고 자유롭게 쓰되 가장 좋다고 생각되는 곳에 투자해서 돈을 벌라고 했어요.

귀족은 일꾼들을 까다롭게 간섭하지도 않았고 감시하지도 않았어

요. 그는 모든 것을 일꾼들이 알아서 하도록 하고 여행을 떠났어요. 그러나 이것은 일꾼들을 시험해 보기 위한 방법이었어요. 즉 부지런한지, 게으른지, 믿을 만한지, 그렇지 못한지를 알아보려고 한 것이었지요.

일꾼들은 귀족에게서 받은 은전을 각자 알아서 썼는데, 그 결과는 모두 달랐어요. 어떤 일꾼은 열심히 장사해서 10배의 이익을 남겼고, 또 다른 일꾼은 5배의 이익을 남겼어요. 그러나 한 일꾼만은 한 푼의 이익도 남기지 못했어요. 그는 그 은전을 수건으로 싸서 그저 보관만 해 두었기 때문이었어요.

몇 달 후, 귀족이 돌아왔어요. 귀족은 일꾼들을 불러 모았어요. 그러고는 10배의 이익을 남긴 일꾼을 매우 칭찬하면서 10개의 면이 있는 큰 군의 군수로 임명했어요. 5배 이익을 남긴 일꾼에게는 5개의 면이 있는 작은 군의 군수 자리를 주었고요. 한 푼도 이익을 못 남긴 일꾼은 어찌 되었냐고요? 심하게 꾸지람을 듣고 일자리도 빼앗겨 버렸답니다.

시간 관리는 왜 중요할까?

앞 이야기에 나온 일꾼은 두 부류로 나눌 수 있어요. 열심히 노력하는 부지런한 사람과 아무것도 하지 않는 게으른 사람이죠. 우선 부지런히 일을 해야 얻는 게 있어요. 게으른 사람은 아무것도 얻을 수 없지요. 이런 말이 있어요.

"인생에서 가장 큰 실수는 아무것도 하려고 하지 않는 것이다."

같은 노력을 했는데 한 일꾼은 다른 일꾼에 비해 두 배의 성과를 거두었어요. 이는 머리를 써서 일을 한 덕분이에요. 즉 시간을 더 잘 활용했기 때문이지요. 이 이야기에서 또 하나 주목할 점은 부지런한 일꾼 두 사람은 자기들의 노력에 비해 엄청난 상을 받았다는 거예요. 이는 시간을 잘 관리해서 성실하게 일하는 사람에게는 많은 이익이 주어진다는 것을 보여 주지요.

어린이 여러분, 자신에게 주어진 고귀한 재능과 시간과 건강을 잘 활용하면 나중에 큰 이익으로 돌아온다는 것을 기억하세요. 그리고 어린 시절부터 시간을 어떻게 쓸 것인지 깊이 생각해야 해요.

미국 작가 오 헨리가 쓴 「20년 후」라는 작품에 이런 내용이 나와요. 친구인 두 젊은이가 장래에 관해 이야기를 나누었어요. 그리고 그들은 20년 후 지금과 같은 날, 같은 시간, 같은 장소에서 다시 만나자고 약속을 했어요. 그 후 20년간 소식을 모른 채 서로 떨어져서 살았어요. 드디어 약속한 날, 약속한 시간, 약속한 장소에 두 사람이 나타났어요. 그런데 한 사람은 죄를 짓고 도망다니는 신세가 되어 있었고, 또 한 사람은 죄인을 잡는 경찰관이 되어 있었어요. 20년이라는 세월을 어떻게 보냈느냐에 따라 결과는 너무나 달랐어요.

  20년 후에 참석하게 될 초등학교 동창회를 떠올려 보세요. 지금 같은 반에서 공부하는 친구들이 그때는 모두 어른이 되어 가정을 이루고 직장을 다니고 있을 거예요. 어떤 친구는 대단히 성공했을 수도 있고, 반대로 겨우겨우 살아가는 친구도 있을 거예요. 또 어떤 친구는 매우 건강하지만, 어떤 친구는 몸이 매우 약해져 있을지도 몰라요. 이런 차이가 왜 생길까요? 노력의 방법과 정도가 다 다르기 때문이지요. 특히 시간을 활용하는 방식이 다 다르기 때문이에요.

  사실 여러분에게 시간 관리라는 말은 좀 낯설게 여겨질 거예요. 하지만 **시간 관리는 삶을 효과적으로 살아가는 데 있어 아주 중요해요.** 이제부터는 시간을 어떻게 더 잘 관리할 수 있을지에 대해 강한 의욕을 가지세요.

20년 후

시간은 참 정직해요. 어린 시절부터 시간을 잘 활용하면 성공과 행복을 주지만, 반대로 시간을 낭비하면 실패와 불행만 안겨 주지요.

시간감각 기르기

분별하는 능력 테스트예요. 아래 질문에 그렇다고 생각하면 O표, 아니라고 생각하면 X표 하세요.

1. 공부는 아무 때나 열심히 하면 성적이 올라간다. O X
2. '고맙습니다', '미안합니다', '사랑해요' 라는 말은 빨리 하는 것이 좋다. O X
3. 오늘 해야 하는 일을 내일로 미루어도 괜찮다. O X
4. 부모님 말씀을 존중하지 않으면 어른이 되어서 후회한다. O X
5. 어떤 일이든 빨리 하는 것이 좋다. O X
6. 돈을 쓸 때는 최소한 세 번 생각하고 쓰는 것이 좋다. O X
7. 시간표보다 내 기분에 따라서 행동하는 것이 좋다. O X
8. 평소에 준비를 철저하게 하면 앞으로 좋은 기회가 많이 온다. O X
9. 지금 나에게 좋으면, 앞으로 어떻게 되건 상관하지 않는다. O X
10. 어릴 때 좋은 습관을 기르는 것이 어른이 된 다음 기르는 것보다 100배 낫다. O X

바른지도의 답

1) X 2) O 3) X 4) O 5) X 6) O 7) X 8) O 9) X 10) O

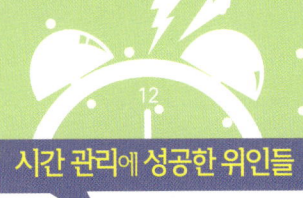

시간 관리에 성공한 위인들

1초도 낭비하지 않는다

빌 게이츠

 빌 게이츠는 컴퓨터가 보편화되지 않았던 시절에 "모든 책상 위에 컴퓨터를! 모든 가정에 컴퓨터를!"이라는 원대한 꿈을 품었어요. 그러고는 컴퓨터의 매력에 빠져 하버드 대학교 3학년 때 학교를 그만두었어요. 그리고 19세에 두 살 위인 폴 앨런과 1천5백 달러를 자본으로 마이크로소프트(MS)사를 설립했어요. 그는 1995년에 컴퓨터 운영체계인 윈도우를 개발하여 세계 소프트웨어 시장을 휩쓸었지요. 31세 때에는 역사상 가장 젊은 나이에 억만장자가 되었어요.

 빌 게이츠는 이렇게 말했어요.

 "나는 꿈을 인생에서 가장 중요한 자산이라고 생각합니다. 다른 모든 것은 잃을 수 있지만 꿈만은 잃을 수 없습니다. 내가 지금껏 한 일은 모두 꿈을 이루기 위해서였습니다."

 그는 또 이렇게 말했지요.

 "나는 앞으로도 계속 마이크로소프트사의 직원 모두와 함께 세계를 깜짝 놀라게 할 생각에 몹시 흥분하고 있습니다. 우리는 지금까지 이루어 놓은 것들만으로도 커다란 자부심을 가지고 있습니다. 그러나 앞으로는 그 모두를 합친 것보다 훨씬 더 큰 성과를 이루어낼 것입니다."

그는 매일 스스로에게 이런 말을 한다고 해요. "오늘은 좋은 일이 생길 것이다." "나는 모든 일을 할 수 있다."라고요.

그에게 꿈을 심어 주고 꿈을 키워 준 사람은 바로 아버지였어요. 성공한 아들 뒤에 위대한 아버지가 있었던 거예요. 그의 아버지는 빌 게이츠에게 철저한 시간 관리법을 가르쳤어요. 그 덕분에 빌 게이츠는 항상 **"시간 낭비는 인생 최대의 실수"**라는 생각을 가지고, 모든 일에 계획을 세워서 했어요. 그는 머리 감는 시간도 아까워할 정도로 시간을 아껴 썼답니다.

빌 게이츠의 명언

- 시간보다 앞서 달려라.
- 시간을 장악하라.
- 시간 관리를 위해 계획을 수립하라.
- 3분간 집중해서 쉬어라.
- 오늘을 놓치지 말라.

　빌 게이츠는 1955년 미국 시애틀에서 태어났어요. 초등학교 시절, 동네 컴퓨터 가게에 가서 밤늦도록 컴퓨터에만 매달리는 바람에 부모님에게 많이 혼나기도 했어요. 그는 컴퓨터에 푹 빠진 나머지, 13세 때부터 컴퓨터 프로그램을 만들 수 있었고 또한 전문가 수준의 해킹 실력을 갖추게 되었어요.

　그는 컴퓨터뿐 아니라 책을 좋아해 도서관에서 닥치는 대로 책을 읽었어요. 그는 나중에 "하버드 대학교를 졸업하는 것보다 더 가치 있는 것은 책 읽는 습관이다."라고 말했어요. 위대한 사람들의 공통된 습관은 어려서부터 책 읽기를 좋아했다는 거예요. 아울러 그들은 평생 하고 싶은 일에만 열중했답니다.

　자기의 재능과 일치되는 직업을 가지면 늘 즐겁게 일할 수 있고 성공을 할 수도 있어요. 하지만 자기 재능에 맞지 않는 것에 매달리면 재미도 느낄 수 없고 발전도 없이 힘들게 살아가요. 올바른 진로를 찾지 못해서 이것저것 기웃거리다 보면 세월만 흘려보내게 되지요. 그것은 시간도 돈도 노력도 아주 많이 낭비하는 거예요.

국제적 여론 조사 기관인 갤럽 연구소에서 판매원, 회사 간부, 교사, 의사, 항공기 조종사, 운동 선수 등 성공적인 직업인 25만 명을 상대로 조사를 실시한 적이 있어요. 조사 결과, 사람들이 자신의 강점을 이용할 수 있는 일에 종사할 때 가장 큰 성공을 거둔다는 결론을 얻었다고 해요. 자신의 특별한 재능을 찾아 그에 맞는 노력을 하는 것이 성공에 이르는 지름길이라는 것을 잘 보여 준 증거지요.

어떤 어린이는 "나는 제대로 할 줄 아는 것이 하나도 없어요."라고 말을 해요. 과연 맞는 말일까요? 아니에요. 그런 말을 하는 사람은 아직 자기 재능을 찾지 못했을 뿐이에요. **누구나 남다른 자기만의 재능이 반드시 있고 자신이 가장 잘할 수 있는 분야가 있다**는 걸 기억하세요.

좋아하는 일을 찾아 성공한 빌 게이츠

빌 게이츠는 13세 때 이미 자신이 컴퓨터에 재능이 있다는 것을 알고 일생을 그 일에 바치기로 결심했어요. 하지만 그의 아버지는 그가 법률을 공부해 변호사가 되기를 바랐지요. 빌 게이츠는 아버지의 권유로 어쩔 수 없이 하버드 대학교에 들어갔어요. 그러나 법률 공부가 자기 적성에 전혀 맞지 않다는 것을 깨달았어요. 그래서 과감하게 학교를 그만두었지요. 아버지는 아들의 선택을 존중해 주었어요. 빌 게이츠에게는 큰 꿈이 있었고 그 꿈을 달성하기 위해서 계획을 짜고 실천해 나갔기 때문이지요.

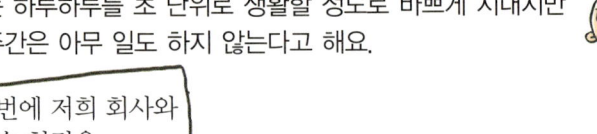
빌 게이츠에게 배우는 시간 관리법

빌 게이츠는 하루하루를 초 단위로 생활할 정도로 바쁘게 지내지만 일 년에 2주간은 아무 일도 하지 않는다고 해요.

이번에 저희 회사와 기술 협력을…

홈네트워킹 발전에 대해…

마이크로소프트사의 미래는…

새로운 기술 개발…

앞으로 2주간은 아무 일도 하지 않겠습니다.

STOP!

그리고 아무도 없는 방 안에서 책을 읽으며 생각을 정리하지요. 사실은 중대한 결정을 내리고 있는 중이랍니다.

혼자 생각을 정리하는 시간은 꼭 필요해요. 그래야 바쁜 것에 휩쓸리지 않지요.

아, 그렇구나!

시간 정복 시작하기

1. 나의 적성은 무엇인가요? 3가지만 적어 보세요.

   1) _____
   2) _____
   3) _____

2. 빌 게이츠가 존경스러운 점은 무엇인가요? 3가지만 적어 보세요.

   1) _____
   2) _____
   3) _____

3. 내가 가장 좋아하는 일과 잘할 수 있는 일을 3가지씩 적어 보세요.

좋아하는 일	잘할 수 있는 일
1) _____	1) _____
2) _____	2) _____
3) _____	3) _____

좋은 습관 목록을 작성한다

어떤 사람이 연못에 수련을 길렀어요. 그 수련은 하루에 2배씩 크는 수련이었어요. 수련이 연못을 가득 채우게 되면 물고기들은 모두 죽을 수밖에 없었지요.

"수련을 적당한 때 잘라 버려야 합니다."

"알았네, 알았다고."

"내일 자른다고 설마 무슨 문제가 생기겠어?"

수련이 점점 자라 연못에 거의 다 찰 지경이었지만 주인은 수련 자르는 일을 자꾸만 내일로 미뤘어요.

헉! 물고기가…

"쯧쯧! 자르라고 할 때 잘랐어야지."

나쁜 습관도 이와 같아요. 미리 잘라서 없애지 않으면 인생을 실패로 이끌 거예요.

습관은 무심코 같은 행동을 반복하는 것을 말해요. 습관은 처음 길들일 때는 거미줄처럼 약하지만 그것이 반복되면 쇠사슬처럼 강해져요. 그래서 습관을 길들일 때는 조심해야 합니다.

"세 살 버릇, 여든 간다."라는 속담이 있어요. 어릴 때 생긴 버릇은 늙어서도 고칠 수 없다는 뜻이지요. "개 버릇 남 주랴!"라는 속담도 있어요. **한번 길들인 습관은 버릴 수 없다는 말이에요.**

흔히 준비가 부족했다는 말은 해도 준비가 지나쳤다는 말은 잘 쓰지 않아요. 그만큼 사람들은 평소에 준비하는 습관이 부족해요.

왜 사람들은 일을 할 때 미리미리 하지 않을까요? 거기에는 몇 가지 원인이 있어요.

우선 미래를 지나치게 낙관적으로 생각한다는 점이에요. 인생이 언제나 장미꽃으로 뒤덮여 있는 줄 착각하고 살아가기 때문이지요. 인생은 냉혹한 거예요. 언제 폭풍우가 닥쳐올지 몰라요. 다른 원인은 현재의 일이 너무 바빠서 미래를 생각할 수 없기 때문이에요.

미리 시작하고 준비하는 것이 개인이나 기업이나 국가가 냉정한 경쟁 시대에 살아남는 비결이에요. 먼 미래를 바라보며 차근차근 준비하는 것이 가장 지혜로운 일이지요. 상황이 좋을 때나 나쁠 때나 늘 준비하는 것이 바른 자세예요. 미리 차근차근 준비하면 후회할 일도 없어지고 미래가 더욱 밝아져요.

준비하는 훈련이 되지 않은 사람은 단 10분을 미리 준비하는 것도 힘들어해요. 역시 습관의 힘이 무섭지요? 지각하는 학생은 매일 그렇게 하기가 쉬워요. 벼락치기 공부를 하는 사람은 계속 그렇게 하기가 쉬워요. 자기의 습관을 바꾸려면 강한 의지가 필요해요. '미리미리! 일찌감치!'라는 구호를 늘 외우고 다니세요.

생 텍쥐페리의 유명한 소설 『어린 왕자』에 '바오밥나무' 이야기가 나와요. 어린 왕자는 매일 아침 일어나 몸단장을 하고 장미를 돌본 다음 바오밥나무의 새싹 뽑는 일을 했어요. 별의 땅 속에는 온통 바오밥나무의 씨앗이 있었거든요. 싹이 자랄 때 괜찮겠거니 내버려 두었다가는 큰 일이 날 수 있기 때문이었어요.

어느 별의 한 게으름뱅이는 바오밥나무를 새싹일 때 뽑지 않고 날마다 "내일 뽑아야지." 하면서 내버려 두었어요. 어느 날, 게으름뱅이가 정신을 차렸을 때는 바오밥나무가 너무 커 버려 도저히 뽑을 수가 없었어요. 별의 반대편까지 뿌리를 뻗쳐 별에 구멍을 내고 만 거예요. 자라기 전에 진작 뿌리를 뽑아 냈어야 하는데……. 그런데도 게으름뱅이는 날마다 미루기만 했지요.

'서두르는 것'도 나쁜 습관이에요. 미리 준비하지 않으면 서두르게 되지요. 시간이 있을 때 차근차근 할 수 있는데도 미루다 보면 어느새 마감 시각이 닥쳐요. 그제야 허겁지겁 일을 하게 되지요.

오늘부터 "나중에! 나중에!"라는 말 대신 "지금! 지금!"이라는 말을 사용하세요.

또 '놀기만 하는 것', '늦게 일어나는 것', '남에게만 의지하는 것', '늘 얼굴을 찌푸리는 것' 등도 나쁜 습관이에요.

그렇다면 좋은 습관은 어떤 게 있을까요? '물건을 절약하는 것', '약속을 잘 지키는 것', '일찍 일어나는 것' 같은 거예요.

평소에 꾸준히 운동하고 먹는 것을 조심하는 것도 좋은 습관이에요. 병에 걸리는 것을 예방할 수 있어요. 병이 든 후에

좋은 습관을 기르는 방법

- "좋은 습관은 기르고, 나쁜 습관은 버리겠다!"라는 말을 자주 한다.
- 저녁에 내일 계획표를 미리 짠다.
- 숙제는 집에 오자마자 한다.
- 약속 시간보다 15분 전에 약속 장소에 도착한다.
- 시험 준비는 평소에 차근차근 한다.
- 초등학교 시절부터 어떤 대학, 어떤 과를 갈지에 대한 꿈을 가지고 준비한다.

치료하려면 시간도 돈도 많이 들어요. 평소에 할 일을 뒤로 미루지 않고 지금 꾸준히 하는 것이 지혜로운 거예요.

우리는 좋은 습관과 나쁜 습관을 구별해야 해요. 그래서 유익하고 바람직한 습관은 자꾸 기르고 나쁜 습관은 버려야 해요. 어릴 적 몸에 밴 좋은 습관은 여러분의 삶에 귀중한 자산이 될 것이랍니다.

시간 정복 실천하기

1. 내가 가진 좋은 습관과 나쁜 습관을 3가지씩 적어 보세요.

좋은 습관	나쁜 습관
1) _____	1) _____
2) _____	2) _____
3) _____	3) _____

2. 시간 관리에 좋은 습관 10가지를 적어 보세요.

1) _____   6) _____

2) _____   7) _____

3) _____   8) _____

4) _____   9) _____

5) _____   10) _____

오늘 나는 이렇게 시간을 보냈습니다.

_____년 _____월 _____일 _____요일

시간(오전)	무슨 일을 했나?	시간(오전)	무슨 일을 했나?
6 00 15 30 45		10 00 15 30 45	
7 00 15 30 45		11 00 15 30 45	
8 00 15 30 45		12 00 15 30 45	
9 00 15 30 45			

시간(오후)	무슨 일을 했나?	시간(오후)	무슨 일을 했나?
1 — 00 / 15 / 30 / 45		6 — 00 / 15 / 30 / 45	
2 — 00 / 15 / 30 / 45		7 — 00 / 15 / 30 / 45	
3 — 00 / 15 / 30 / 45		8 — 00 / 15 / 30 / 45	
4 — 00 / 15 / 30 / 45		9 — 00 / 15 / 30 / 45	
5 — 00 / 15 / 30 / 45			

내가 오늘 정복한 시간은?

○○시간 ○○분

- 인생을 결정하는 5분
- 5분을 잘 활용하려면?
- 시간 관리에 성공한 위인들 : 공병우 "시간은 생명이다"
- 정리 정돈을 시작한다

 셋째 날

짧은 시간을 잘 쓰는 법

5분 동안 할 수 있는 일을 모두 말해 봐!

인생을 결정하는 5분

5분의 여유 시간이 있다면 무엇을 할 건가요?
사람들은 5분을 짧은 시간이라고 생각해요. 정말 그럴까요?
놀기에는 아주 짧은 시간일지도 몰라요. 하지만 5분은
아주 긴 시간이에요. 5분 동안에 할 수 있는 일을 한번 볼까요?

러시아의 작가 도스토예프스키는 1848년 혁명을 주동했다는 죄목으로 사형을 당하게 되었어요.

그의 나이 28세 때였지요. 엄청나게 추운 날 사형장에 끌려간 그에게 유언할 시간이 5분 주어졌어요. 그는 "2분은 가족들에게 유언을 하고, 2분은 생활 정리, 1분은 자연을 돌아보겠다."라고 마음을 먹었어요. 그런데 가족을 생각하는 동안 2분이 지나가 버렸어요. 이제 남은 3분을 어떻게 쓸까 생각하는 순간, 스스로에게 이런 질문을 했어요.

"너는 28년 동안 무엇을 하며 어떻게 살았는가?"

앞이 캄캄해졌어요.

"이럴 줄 알았다면 시간을 좀 더 아껴 쓰고 가치 있는 삶을 살걸! 다시 한 번 살 수만 있다면······."

그는 후회의 눈물을 흘렸어요. 탄환을 총에 재는 소리가 들려왔어요. '이제 죽는구나'라는 생각에 그는 몸을 떨었어요. 바로 그 순간 주변이

떠들썩하더니 한 병사가 흰 수건을 흔들면서 달려왔어요. 그러더니 큰 소리로 외쳤어요.

"황제의 특사명령이다! 형을 멈춰라!"

도스토예프스키는 천만다행으로 죽음을 면했고, 10년 동안 귀양 생활을 하고 난 뒤 1859년 모스크바로 돌아갔어요. 그는 한평생 사형당할 뻔했던 순간을 기억하며 시간의 소중함을 마음속에 간직하고 살았지요. 그리고 인생에 대한 깊은 연구를 했어요. 그 결과 『죄와 벌』, 『카라마조프가의 형제들』 같은 불후의 명작들을 남기고 후대에 많은 영향을 끼쳤답니다.

5분을 잘 활용하려면?

　미국의 래리 크랩이라는 사람은 초등학교 시절 개구쟁이로 이름을 떨쳤어요. 어느 날 선생님이 래리를 불러 말했어요.
　"래리, 너는 앞으로 훌륭한 작가가 될 수 있을 것 같아!"
　그러고는 두꺼운 사전 한 권을 건넸지요.
　"우리 날마다 수업이 끝난 후, 사전에 있는 모르는 단어들을 이용해서 5분간만 문장 하나씩 써 보는 건 어때?"
　래리는 그렇게 하겠다고 선생님과 약속했어요. 그는 매일 수업이 끝난 후 따로 남아서 선생님과 함께 5분 동안 글짓기를 했어요.
　그러자 글 솜씨가 점점 늘었어요. 글 쓰는 일에 점차 재미를 느끼고 집중하다 보니 남을 골탕 먹이는 나쁜 버릇도 사라지게 되었지요.
　나중에 그는 유명한 심리학자가 되었고 대학교수도 되었어요. 책도 13권이나 썼는데 모두 베스트셀러가 되었고, 그 가운에 어떤 책은 무려 1천만 권이나 팔렸어요. **매일 5분간 글을 쓰던 습관이 그를 대학교수로, 베스트셀러 작가로 만든 것이지요.**

　도스토예프스키와 래리 크랩의 이야기를 읽고 어떤 생각이 드나요? 도스토예프스키는 5분 덕분에 목숨을 건졌어요. 래리 크랩은 매일 5분간 글쓰기 연습을 한 결과 뛰어난 작가가 될 수 있었고요. 어때요? 5분이 결코 짧은 시간이 아니라는 걸 알겠지요? 또 아주 적은 시간이라도 꾸준히 투자하면 큰 일을 이루어 낼 수 있다는 것도요?

　5분이라는 시간에 대해 좀 더 알아볼까요? 5분은 300초예요. 축구 경기할 때 5분은 매우 긴 시간이에요. 충분히 역전할 수 있는 시간이죠. 시험 볼 때 5분도 결코 짧지 않은 시간이에요. 어려운 문제를 다시 한 번 생각해 보고 올바른 답을 찾을 수 있는 시간이지요. 응급 환자에게 5분은 죽느냐 사느냐를 판가름하는 시간도 됩니다. 전투 비행기 조종사에게 5분은 엄청나게 긴 시간이에요. 현대의 전쟁은 5분 이내에 승패가 결정된다고 해요. **아마추어와 프로의 차이는 하루에 5분을 덜 하느냐 더 하느냐에 달려 있다고 하지요.**

　여러분, 자린고비의 이야기를 아시지요? 시간을 자린고비처럼 아껴 써야 잘 활용할 수 있고 좋은 결과도 따라온답니다.

래리 크랩 이야기

목표가 있으면 5분도 대단히 가치 있게 쓸 수 있어요. 그 5분을 잘 활용하면 남보다 더 앞서 갈 수 있답니다.

시간 감각 기르기

1. 5분 동안에 할 수 있는 일을 5가지만 적어 보세요.
   (예 : 책을 5쪽 이상 읽는다. 줄넘기를 500회 이상 한다. 1000미터를 뛸 수 있다.)

   1) _____
   2) _____
   3) _____
   4) _____
   5) _____

2. 자신에게 5분의 여유 시간이 생긴다면 할 일을 5가지 적어 보세요.

   1) _____
   2) _____
   3) _____
   4) _____
   5) _____

시간은 생명이다

공병우

　안과 의사이면서 한글 타자기를 개발한 공병우 박사는 다른 사람이 약속 시간에 5분만 늦어도 만나지 않고 돌려보냈어요. 또 약속 없이 찾아온 사람도 그냥 돌려보냈어요.

　자신이 원장으로 있던 한글 문화원 직원들이 5분 이상 지각하면 한 시간에 해당하는 임금을 깎아 버렸어요.

　공병우 박사는 절약 정신도 투철해 다른 사람에게 음식을 대접했을 때 상대방이 음식을 남기면 다시는 음식을 사 주지 않았지요.

　자신의 병원에 근무하던 의사들 중 게으른 의사들은 그 월급을 깎았어요. 하지만 성실한 의사에게는 월급을 더 주었고, 창조적인 아이디어로 끊임없이 개혁하고 연구하는 의사에게는 훨씬 더 많은 월급을 주었답니다.

　넥타이를 매는 시간이 아까워 넥타이도 매지 않았지요. 또 낮에 하는 결혼식에는 가지 않았어요. 시간 낭비라고 생각했던 것이지요.

사무실에서 걸어서 5분 이상 걸리는 이발소에도 가지 않았어요. 이발소에 가서는 5분 안에 머리를 깎아 달라고 부탁했어요.

드나들 때 불편하다며 집 안에 문지방을 없앴고, 방 안에 양변기를 만들어 화장실 가는 시간도 아꼈다고 해요.

손으로 글씨를 쓰는 것보다 타자기가 훨씬 시간을 절약할 수 있다고 생각한 그는 한글 타자기 개발에 온 힘을 다해 열정을 쏟았어요. 주위로부터 미쳤다는 소리를 들어 가면서 타자기 개발에 매달린 끝에, 1949년 11월 개량형 한글 타자기를 개발하는 데 성공했어요.

공병우 박사는 이토록 시간을 신앙처럼 중시하고 금쪽 같이 아꼈기 때문에 많은 업적을 남길 수 있었어요. 독학으로 박사학위를 받았고 의사가 되었죠.

■■■

공병우 박사는 1906년 평안북도 벽동에서 태어났어요. 30대 초반에 안과 의원을 열었으며, 한글 시력표를 처음으로 만들었고, '고성능 한글 타자기'를 발명했어요. 1988년에는 한글 문화원을 설립해 한글 글자꼴과 남북한 통일자판을 연구했어요

공병우 박사는 우리나라에서 처음으로 북한에 안과 전문 의원을 열어, 돈이 없는 사람들을 위해서 무료로 눈을 치료해 주었어요. 이 소문이 널리 퍼졌어요. 1950년 한국 전쟁이 터지자 누가 그를 몰래 고발하는 바람에 공산당에게 잡혀서 서대문 형무소에 갇히는 신세가 되었어요. 그런데 공산당 간부 한 사람이 그를 심문하던 중 그가 공병우 박사라는 것을 알게 되었어요. 그 공산당 간부는 공병우 박사 소문을 듣고 마음 속으로 존경하고 있던 터라, 몰래 공병우 박사를 형무소 뒷문으로 도망가게 해 주었지요. 다시 살아난 공병우 박사는 "평소에 좋은 일을 많이 하면 죽을 땅에서도 살 수 있다."라고 힘주어 말했어요. 평소에 불쌍한 사람을 도와 주고 행복하게 만드는 것은 훌륭한 시간 투자이지요.

공병우 박사의 기이한 행동을 다 본받을 필요는 없어요. 하지만 시간을 소중하게 생각한 그의 신념은 본받을 만하지요. 한 가지만 기억하세요. 그것은 **"시간은 돈보다 더 귀한 생명이다."** 라는 신념이에요.

이 세상에는 귀중한 것들이 참 많아요. 맛있는 음식, 유익한 책, 찬란한 금은보석, 뛰어난 피아노 연주 솜씨, 박사 학위, 많은 돈, 재미있는

놀이, 아름다운 가정, 멋진 여행 등등. 이 모든 것들이 인생을 풍요롭게 하는 가치 있는 것들이에요.

그런데 가만히 생각해 보세요. 이 모든 것은 시간이 있을 때에만 사용할 수 있어요. 시간이 없다면 사용할 수 없으니 모두 쓸모가 없어지지요. 시간은 그 자체로는 값이 없지만 다른 자원을 활용할 수 있는 수단이 되기 때문에 다른 것들보다 훨씬 가치가 있어요.

대부분의 사람은 시간이 그렇게 귀중한지 깨닫지 못하고 살아요. 시간에 쫓겨서 허둥댈 때만 시간의 가치를 깨닫지요. 평소에도 시간의 가치를 깨닫고 산다면 훨씬 더 시간을 잘 활용할 수 있을 텐데요.

시간을 생명처럼 소중히 여긴 공병우

공병우 박사는 우리나라의 '10명의 기인' 중 한 명으로 불려요. 생각과 행동이 다른 사람들과 매우 달라서 그런 별칭을 얻었나 봐요. 그는 90세에도 청년 못지않은 열정을 가지고 살았어요.

1990년대엔 아흔 가까운 나이로 초기 PC통신 사용자 중 한 사람이 되었어요. 그는 자동차 연구가와 사진작가로도 활동했어요. 1995년 세상을 떠나면서는 "내 죽음을 알리지 말고 장기와 시신은 모두 기증하라."라는 유언을 남겼어요. 자신의 장례식에 남들이 오는 것도 시간 낭비라고 여긴 게 아닐까요.

시간 정복 시작하기

1. 시험을 치를 때 풀지 못한 문제가 남은 채 시간이 얼마 안 남았다는 걸 알았을 경우 기분이 어땠나요?

   _____

2. 휴대 전화 요금표처럼 나의 시간 사용 요금표를 써 보세요.

   나의 휴대 전화 사용 요금
   - 문자 이용 _____ 원
   - 음성 통화 _____ 원
   - 컬러링 _____ 원

   나의 시간 사용 요금
   - 숙제 시간 _____ 분
   - 게임 시간 _____ 분
   - 책 읽는 시간 _____ 분

3. 저금통장에 돈이 입금되듯이, 아침에 일어나면 하루 1440분이 자기의 시간통장에 입금된다고 생각하고 어떻게 시간을 쓸지 적어 보세요. (힌트: 분 단위로 나눠서 할 일을 구체적으로 적어 보세요.)

   _____
   _____
   _____
   _____

정리 정돈을 시작한다

그때그때 정리하는 시간을 갖지 않는다면 나중에 더 큰 시간을 낭비하게 된답니다.

책상 위를 한번 살펴 보세요. 정돈이 잘 되어 있나요? 아니면 어질러진 상태인가요? 책상을 잘 정리하면 편리한 점이 많아요. 우선 보기가 좋겠죠. 또 책이나 공책을 필요할 때 바로 찾을 수 있어서 시간을 절약할 수 있어요. 집중이 잘 되어서 공부하기에도 좋아요. 그런데 책상 위가 어지러우면 집중이 안 되고, 불안하고 기분도 우울해져요.

정리 정돈의 기본은 이거예요. 즉 물건들을 각자 있어야 할 자리에 보기 좋고 꺼내기 좋게 배치하는 것이죠. 모든 물건들은 있어야 할 적당한 장소가 있답니다. 그 장소를 잘 찾아 주면 되는 거예요.

책상 위에는 자기가 당장 공부하고자 하는 책, 공책, 필기 도구만 올려놓는 것으로 충분해요. 당장 써야 할 물건, 즉 숙제하는 데 필요한 것들, 읽을 책, 공책, 필기 도구 등을 제외하고 어제 사용한 책이나 나중에 사용할 물건은 혼란만 주니까 치워 버리는 게 좋아요. 자, 계산기, 지우개, 집게 등 자잘한 물건들은 찾기 쉽고 이용하기 쉽게 서랍 한 개를 정해서 그곳에 두는 것이 편리하겠죠.

학교 갔다 오자마자 가방에 든 책을 모두 꺼낸 다음, 숙제에 필요한 책과 공책을 뺀 나머지는 책장에 꽂아 두세요. 그러면 잊어버리거나 빼먹는 일이 없을 거예요. 책가방을 챙길 때도 가방 안에 책이 잔뜩 있을 때보다 가방이 비어 있을 때가 훨씬 시간이 적게 걸려요.

정리 정돈하는 습관을 가지면 필요할 때마다 신속하고 정확하게 물건을 찾을 수 있어요.

컴퓨터는 어디다 두는 것이 좋을까요? 거실에다 두는 건 어떨까요? 그러면 컴퓨터에만 매달리는 것을 막아 주고 좋지 않은 사이트에 들어가는 것도 예방할 수 있어요. 공부방도 훨씬 넓어지겠죠.

교과서 이외의 책과 공책은 다음과 같이 정리해 보세요. 일단 책은 분야별로 나누고 같은 분야의 책은 다시 가나다순으로 정리하는 것이죠. 책이 많은 어린이들은 이 방법을 쓰면 편리해요. 교과서는 따로 정리를 해 두는 것이 좋고요. 책상 위에 쌓아 놓거나 가방 안에 넣어 두지 말고 항상 책상 가까이에 있는 책장에 꽂아 두는 습관을 기르세요.

시간 정복 실천하기

1. 정리 정돈을 잘하면 어떤 점이 좋은가요?
   _____
   _____

2. 내 책상과 책장을 어떻게 정리할지 계획을 세워 보세요.
   (예: 풀, 가위, 메모지, 지우개 등은 오른쪽 맨 위 서랍에 넣는다.)
   _____
   _____

3. 이번엔 옷장이나 방의 정리 계획도 세워 보세요.
   _____
   _____

오늘 나는 이렇게 시간을 보냈습니다.

_____년 _____월 _____일 _____요일

시간(오전)	무슨 일을 했나?	시간(오전)	무슨 일을 했나?
6 00 / 15 / 30 / 45		10 00 / 15 / 30 / 45	
7 00 / 15 / 30 / 45		11 00 / 15 / 30 / 45	
8 00 / 15 / 30 / 45		12 00 / 15 / 30 / 45	
9 00 / 15 / 30 / 45			

시간(오후)	무슨 일을 했나?	시간(오후)	무슨 일을 했나?
1 00 / 15 / 30 / 45		6 00 / 15 / 30 / 45	
2 00 / 15 / 30 / 45		7 00 / 15 / 30 / 45	
3 00 / 15 / 30 / 45		8 00 / 15 / 30 / 45	
4 00 / 15 / 30 / 45		9 00 / 15 / 30 / 45	
5 00 / 15 / 30 / 45			

내가 오늘 정복한 시간은?

○○시간 ○○분

- 목표 127가지를 이룬 사람
- 목표 달성의 비밀은 무엇일까?
- 시간 관리에 성공한 위인들 : 반기문 "목표를 정하면 돌아보지 않는다"
- 지켜야 할 원칙을 세운다

목표를 세우는 방법

127가지 목표도 이룰 수 있다

목표 127가지를 이룬 사람

20년 후, 자신의 모습을 상상해 보았나요?
어떻게 될지 확실히 알 수 있나요? 아니면 그 반대인가요?
사실 우리 삶에는 목표가 확실하지 못한 경우가 많아요.
분명한 목표를 세우는 방법이 궁금하지 않나요?

1940년대 초반 미국 로스엔젤레스.

비 내리는 오후, 15세의 소년 존 고다드는 자기 집 식탁 앞에 앉아 노란색 수첩을 꺼냈어요. 수첩 겉장 맨 위쪽에 '나의 인생 목표'라고 제목을 적었죠. 그리고 자신이 하고 싶은 127가지의 인생 목표를 적어 내려가기 시작했어요. 존은 할머니와 작은 어머니가 "이걸 내가 젊을 때 했더라면……." 하는 말을 종종 들었어요. 존은 자신이 원하는 것이 무엇인지 떠올려 보았지요. 다음이 그가 세운 목표들이에요.

배워야 할 것: 의술, 비행기 조종술, 말 타기 등

악기: 플루트, 바이올린, 피아노(베토벤의 월광 소나타)

외국어 배우기: 프랑스어, 스페인어, 아랍어

저술: 최소 한 권

운동 실력 향상: 윗몸 일으키기 200회, 턱걸이 20회, 높이뛰기 1미터 50센티 등

책 읽기: 브리태니커 백과사전 한 번 읽기, 셰익스피어, 플라톤, 아리스토텔레스 등

사진 찍기: 이과수 폭포, 빅토리아 폭포, 나이아가라 폭포 등

수중 탐험: 플로리다 산호 암초, 홍해, 피지 군도 등

등반할 산: 에베레스트 산, 킬리만자로 산, 아콩카과 산 등

탐험할 장소: 이집트 나일 강, 남미 아마존 강, 중국 양쯔 강 등

원시 문화 답사: 콩고, 뉴기니 섬, 브라질, 보르네오 섬 등

수영하기: 니카라과 호수, 빅토리아 호수, 슈피리어 호수 등

결혼: 결혼해서 아이들을 가질 것

달 여행: 하나님의 뜻이라면 언젠가는!

존은 47세 되던 해에 자신이 세운 목표 127가지를 달성했어요. 그는 목표를 이룰 때마다 사진을 찍어 증거를 남겼어요. 그의 이야기는 1972년 미국 라이프 잡지에 실렸지요. 그는 자신의 모험담으로 많은 돈을 벌었고, 더 많은 곳을 여행할 수 있게 되었답니다.

목표 달성의 비밀은 무엇일까?

목표의 힘은 정말 대단하지요? 평범한 소년이던 존 고다드는 분명한 목표를 세웠기 때문에 그 많은 것을 달성할 수 있었어요. 목표는 우리 속에 숨어 있는 가능성을 최대한 끌어낼 수 있게 해요.

목표란 무엇일까요? 목표는 기한이 정해져 있는 꿈입니다. 꿈과 목표는 모두 우리의 소원을 표현한다는 점에서 같아요. 그런데 목표는 꿈보다 훨씬 분명한 거예요. 목표를 정하면 그 목표만을 바라볼 수 있어야 해요.

목표를 올바르게 세우는 사람은 100명 중 3명밖에 되지 않는다고 해요. 목표는 누가 시켜서 세우는 것이 아니라 스스로 세워야 해요. 목표를 세우는 아주 간단한 공식은 "나는 무엇을 언제까지 이룬다."라는 거예요. 이를테면 "나는 올해 말까지 50만 원을 저축한다." "나는 올 여름 방학에 아버지와 함께 지리산에 올라간다." "나는 올 10월까지 모르는 노래를 5곡 배운다." 같이 세우는 것이죠. 목표가 분명하면 노력을 하게 되지만, 분명하지 않으면 흐지부지되어 버리기 쉬워요.

운동 선수들을 잘 살펴 보세요. 왜 그들은 온 힘을 다해 경기를 하는 걸까요? 이기기 위해서입니다. 이기는 것이 선수들의 '목표'이지요. 모든 운동 선수들은 분명한 목표가 있어요. 이를테면 올림픽 경기에 나가는 선수는 메달 따는 것을 목표로 정하고 열심히 훈련을 하지요.

목표를 올바로 세우는 방법

- 첫째, 처음에는 힘들어도 자기 스스로 목표를 세운다.
- 둘째, 무엇을 이룰 것인지 분명하게 기록한다.
- 셋째, 언제까지 이룰지를 분명히 정한다.
- 넷째, 너무 큰 목표보다는 자기가 노력해서 이룰 수 있는 목표를 정한다.
- 다섯째, 반드시 종이에 기록한 후, 그 종이를 잘 보이는 데 두거나 항상 가지고 다닌다.

꿈을 이루는 확실한 방법은 목표를 세우고 그 목표를 향해 쉬지 않고 행동해 나가는 거예요. 위 '목표를 올바로 세우는 방법'을 잘 읽고 그에 따라 자신의 목표를 정하고 날마다 실천해 보세요. 그것이 꿈을 이루는 가장 확실한 방법이랍니다.

목표와 호랑이

목표를 분명하게 정하면 정신을 한곳에 집중하게 되므로 무슨 일이든지 이룰 수 있어요. 그래서 목표를 분명하게 정하는 것이 중요해요.

시간 감각 기르기

1. 존 고다드처럼 일생 동안 이루고 싶은 일 40개를 적어 보세요.
   _____
   _____
   _____
   _____

2. 이번 주간에 내가 하고 싶은 일을 모두 적어 보세요.
   _____
   _____
   _____

3. 지금보다 학교 성적을 높이고 싶나요? 목표 점수를 정해 보세요.
   _____

4. 올해 저축 목표를 세워 보세요.   _____ 원

5. 어떤 행동을 하기 전에 마감 시간을 정해 보세요.
   (예: 게임 시간 30분, 텔레비전 시청 1시간 등)
   _____

시간 관리에 성공한 위인들

목표를 정하면 돌아보지 않는다

반기문

　반기문 유엔 사무총장이 초등학생이던 시절, 변영태 외무장관이 그 학교에 와서 연설을 했어요. 반기문은 그 연설을 듣고 "나도 이 다음에 훌륭한 외교관이 되겠다."라는 꿈을 처음 품었어요.

　그는 어릴 적부터 공부를 잘하였어요. 특히 영어 공부를 열심히 했지요. 충주고등학교 2학년 때는 전국 영어웅변대회에서 1등을 하여, 상으로 미국을 다녀올 수 있게 되었어요. 이때 그는 케네디 대통령을 만났어요. 케네디 대통령은 까까머리 고등학생 반기문에게 꿈이 무엇이냐고 물었어요. 반기문은 망설임 없이 "세계에서 가장 훌륭한 외교관이 되는 겁니다."라고 똑똑히 대답했어요. 케네디 대통령은 꼭 그렇게 되기를 바란다고 반기문을 격려했어요.

　그런데 반기문의 집안 형편은 좋지 않았어요. 집안일을 이것저것 하고 나면 시간이 훌쩍 흘러 있었고, 공부할 시간이 없었어요. 학교에서도 반장을 도맡아 했기 때문에 학급 일이나 선생님 심부름을 많이 해야 했지요. 때문에 늘 시간이 부족했던 반기문은 자투리 시간을 허투루 보내지 않고 잘 활용하려고 노력했어요. 잠깐 짬이 나는 쉬는 시간이 그에게는 아주 소중했어요. 그 10분을 흘려보내지 않고 집중해서 예습과 복습을 했어요.

자투리 시간을 잘 활용한다는 것은 단지 시간을 잘 쓴다, 시간 관리를 잘한다는 의미를 넘어서지요. 매순간 어떤 일이건 최선을 다한다는 것을 의미해요.

■■■■
반기문은 1944년 충청북도 음성에서 태어났어요. 서울 대학교를 졸업한 후 외무고시에 합격해 외교관의 꿈을 이루었고, 1972년 뉴델리 부영사를 시작으로 2004년에는 외교통상부 장관이 되었어요. 2006년에는 우리나라 사람으로는 최초로 유엔 사무총장으로 선임되어 2007년 1월 1일부터 다양하고 중요한 업무를 수행하고 있어요.

그는 어릴 적에 '영어 신동'이라는 별명을 얻었어요. 외교관이 되기 위해선 영어를 잘해야 했기에, 일찍부터 영어에 푹 빠져 있었던 결과였지요.

그는 스스로 매력적인 사람이 되려고 많은 노력을 했어요. 그는 결코 다른 사람에게 화를 내지 않고 늘 잔잔한 웃음으로 상대방에게 감동을 주지요. 훌륭한 사람이 되기 위해서는 실력만 가지고는 안 된다는 걸 일찍부터 알고 있었던 거예요. 그래서 어느 누구와도 좋은 관계를 맺는 법을 익힐 수 있었답니다.

어려서는 우선 큰 꿈을 품어야 해요. 그래야 용기가 납니다. 그런데 그 꿈이 올바른 꿈인지도 생각해 보세요. 사람들 가운데는 허황된 꿈을 좇다가 일생을 망치는 경우도 많아요.

올바른 꿈이란 무엇일까요? 그것은 자기의 재능과 일치되고, 자기뿐 아니라 다른 사람과 국가에 유익을 주는 것이에요.

노예를 해방시킨 에이브러햄 링컨 대통령은 19세에 이미 '노예 해방'이라는 큰 꿈을 가슴에 품었어요. 그 꿈은 참 가치 있는 것이었어요. 그는 훗날 미국의 16대 대통령이 되어서 그 꿈을 이루었어요.

한편 독일 총통이었던 히틀러도 19세에 "앞으로 내가 유럽과 전 세계를 정복해서 세계의 왕이 되겠다."라는 꿈을 품었어요. 하지만 그 꿈은 좋은 것이 아니었어요. 그는 나중에 제2차 세계대전을 일으켜 수천만 명의 사람을 죽게 했으니까요. 그래서 목표를 세우는 것, 꿈을 가지는 것도 중요하지만 그것이 올바른 것인가를 분별하는 것도 아주 중요해요.

올바른 인생의 목표, 즉 큰 꿈을 정해 놓고 항상 그것을 생각하며 노력하면 이루지 못할 꿈은 없답니다. '꿈은 이루어진다.'라는 말처럼요.

목표를 정하고 그것에 매진한 반기문

2006년도에 우리나라 국민들에게 들려온 가장 반가운 소식은 반기문 외교통상부 장관이 제8대 유엔 사무총장으로 당선된 일이에요. 우리나라가 유엔에 가입한 지 불과 16년 만에 이루어 낸 매우 자랑스러운 일이었어요. 유엔 사무총장은 뉴욕 유엔본부 사무국의 제일 높은 어른인 동시에, 세계 최고의 외교관으로 국제 사회에서 국가 원수 내지 대통령에 준하는 예우를 받는 대단한 자리예요. 유엔 사무총장은 별도의 보안 검색 없이 세계 어느 나라든 자유롭게 갈 수 있지요.

반기문에게 배우는 시간 관리법

반기문 사무총장은 시간을 허투루 보내지 않는 습관이 몸에 배어 있어요. 그래서 일이 아무리 많아도 스트레스를 받지 않고 즐거운 마음으로 처리해 낸답니다.

시간 정복 시작하기

1. 내가 일생 동안 꼭 달성하고 싶은 꿈은 무엇인지 한 가지만 적어 보세요.

   _____

2. 10년 후에 나는 어떤 모습일지 상상해 적어 보세요.

   _____

3. 20년 후에 나는 어떤 모습일지 상상해 적어 보세요.

   _____

4. 내 꿈을 이루기 위해서 지금 실천해야 할 행동은 무엇인지 3가지만 적어 보세요.

   1) _____
   2) _____
   3) _____

지켜야 할 원칙을 세운다

지금 여러분의 목표와 행동이 10년, 20년 후의 모습을 좌우한답니다.

"어서 타."

"잠깐만요. 더 놀고요."

어른이 되었을 때는 뛰어도 늦습니다.

"오늘부터 나도 뭔가를 매일매일 해야겠어!"

"뭘 할 건데? 그걸 정해야지."

지금이 바로 그때입니다. 작은 원칙이 성공의 디딤돌이 될 수도 있습니다. 지금 시작하세요.

세상은 자세히 살펴보면 어떤 원리나 원칙에 의해 움직인다는 것을 알 수 있지요.

세상의 여러 가지 원칙 가운데 "씨를 뿌리면 거둔다."라는 것처럼 확실하고 넓게 적용되는 원칙은 없을 거예요.

중국의 사상가 노자는 이렇게 말했어요.

"아들에게 물고기를 한 마리 잡아 주면 한 끼를 먹겠지만, 아들에게 물고기 잡는 법을 가르쳐 주면 그는 일생 동안 물고기를 먹을 수 있을 것이다."

어떤 원리를 배우는 것이 중요하다는 말이에요. 간단한 말이지만 깊은 의미가 담겨 있지요.

세상에는 노력 없이 되는 일이 없어요. 갑작스럽게 성공하는 법도 없어요. 시작이 있고 과정이 있으며 끝이 있는 거예요. 콩 심은 데 콩 나고, 팥 심은 데 팥이 납니다. 적게 심으면 적게 거두고, 많이 심으면 많이 거두는 법이지요. 어릴 때 심으면 노인이 되어서 거두어요.

어린 시절, 젊은 시절은 인생의 씨를 뿌리기에 가장 적당한 때예요. 이 시기를 놓치면 어른이 되어서 10배의 노력을 해도 보충하기 어려워요.

이 '씨 뿌리는 법칙'을 무시하면 어떻게 될까요? 그런 사람은 남에게 속기 쉬워요. 손쉽게 무엇을 얻으려고 하는 사람, 일확천금을 얻고자

하는 사람들은 요행이나 우연을 바라다가 평생을 낭비하기 쉽지요.

만유인력을 발견한 뉴턴은 자기가 발견한 것 중 최대의 발견은 '만유인력의 법칙'이 아니라 '인내는 모든 것을 이룬다.'라는 법칙이라고 말했어요.

농부가 농사를 잘 지으려면 열심히 좋은 씨앗을 심어야 해요. 그런데 한 가지 더 해야 할 것이 있어요. 그것은 느긋하게 기다리는 일이에요. 농부는 봄에 씨를 심고 잘 가꾸면서 가을이 오기를 기다리지요. 인생의 성공도 하루 아침에 이루어지는 것이 아니에요. 수십 년 동안의 꾸준한 노력이 필요해요. 그러니 조급해 해서는 안 되겠지요. 기회가 주어진 동안에 좋은 씨앗을 뿌려 나가고 느긋이 기다리면 반드시 좋은 결실을 맺을 수 있어요.

우리가 생각하는 것, 말하는 것, 행동하는 것은 그것이 지극히 작은 것이라도 다 씨를 뿌리는 행위예요. 비록 지극히 작아 보일지라도 생명력이 있기 때문에 결코 소홀히 해서는 안 되지요. 좋은 씨를 뿌려야 좋은 곡식을 거두듯이 좋은 생각, 아름다운 말, 훌륭한 행위라는 씨앗을 뿌려야 바람직한 결과를 거둘 수 있어요.

어려서부터 원칙을 지켜 나가면 나중에 크게 성공할 수 있어요.

사실 사람의 기분과 의지는 변하기 쉬워서 믿을 만한 것이 못 되어요. 상황에 따라 흔들릴 수가 있어요. 이런 것을 예방할 수 있는 방법은 어떤 훌륭한 원칙을 따르는 거예요. 원칙은 오랜 세월 동안 많은 사람이 경험해서 옳다고 인정받은 것이기 때문에 흔들리지 않아요. **특히 어려운 상황을 만나거나 일이 잘 안 될 때는 원칙을 지키는 것이 무엇보다도 중요해요.**

   중국 철학가 장자의 글에 이런 이야기가 있어요. 어떤 착한 임금님이 '어떻게 하면 백성이 행복하게 살아갈 수 있을까?' 하고 깊이 생각했어요. 어느 날, 신하들을 다 모아 놓고 명령했어요. 백성이 행복하게 살 수 있는 방법을 연구해서 그 결과를 가져오라고 말이에요. 신하들은 부지런히 연구한 것을 12권의 책으로 엮어 임금님께 바쳤어요. 임금님은 그것을 보고 "너무 많아서 읽기에 골치 아프니 줄여 보아라!" 하였어요. 신하들은 내용을 6권으로 줄였어요. 그랬더니 임금님이 더 줄이라고 했어요. 신하들은 다시 한 권으로 줄였어요.

   그래도 임금님은 "한 권도 분량이 너무 많다. 한 문장으로 줄여라."라고 했지요. 신하들은 그 방대한 내용을 단 한 문장으로 줄였어요. 하나의 원칙을 만들어 낸 것이죠. 그 말이 무엇일까요? 그것은 "이 세상에 절대 공짜는 없다."라는 말이었어요. 평범해 보이지만 위대한 뜻을 가진 말이에요.

시간 관리 10계명

- 1계명 시간을 돈처럼 귀중하게 여기고 아껴 써라.
- 2계명 지금 할 일을 뒤로 미루지 말아라.
- 3계명 주도적으로 생각하고 행동하라.
- 4계명 항상 큰 꿈과 분명한 목표를 가져라.
- 5계명 먼저 해야 할 것, 나중에 해야 할 것, 하지 말아야 할 것을 구별하라.
- 6계명 시간표를 만들고 그것을 잘 지켜라.
- 7계명 자투리 시간을 생산적으로 사용하라.
- 8계명 모든 일을 흥미와 호기심을 가지고 하라.
- 9계명 텔레비전, 컴퓨터, 휴대 전화에 중독되지 말라.
- 10계명 어제의 후회, 내일의 근심을 잊어 버리고 오늘 할 일에 집중하라.

시간정복 실천하기

앞의 시간 관리 10계명을 참고해서, 나만의 시간 관리 10계명을 적어 보세요.

1계명 _____

2계명 _____

3계명 _____

4계명 _____

5계명 _____

6계명 _____

7계명 _____

8계명 _____

9계명 _____

10계명 _____

오늘 나는 이렇게 시간을 보냈습니다.

_____ 년 _____ 월 _____ 일 _____ 요일

시간(오전)	무슨 일을 했나?	시간(오전)	무슨 일을 했나?

6   00
    15
    30
    45
		10 00
		     15
		     30
		     45	

7   00
    15
    30
    45
		11 00
		     15
		     30
		     45	

8   00
    15
    30
    45
		12 00
		     15
		     30
		     45	

9   00
    15
    30
    45			

시간(오후)	무슨 일을 했나?	시간(오후)	무슨 일을 했나?

1   00
    15
    30
    45
		6 00
		    15
		    30
		    45	

2   00
    15
    30
    45
		7 00
		    15
		    30
		    45	

3   00
    15
    30
    45
		8 00
		    15
		    30
		    45	

4   00
    15
    30
    45
		9 00
		    15
		    30
		    45	

5   00
    15
    30
    45			

내가 오늘 정복한 시간은?

○○시간 ○○분

- 성공을 약속하는 계획의 힘
- 계획을 세우는 습관을 키우려면?
- 시간 관리에 성공한 위인들 : 류비셰프 "통계로 시간을 정복한다"
- 자투리 시간 활용 계획을 세운다

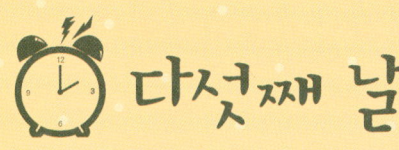

목표를 실천하는 계획 짜기

계획을 세우면 버릴 시간이 없다

성공을 약속하는 계획의 힘

계획을 세우지 않거나 잘못 세우면 곤란해 집니다.
계획을 잘 세우면 목표를 이룰 수 있는 것은 물론이고
시간과 돈과 노력을 엄청나게 절약할 수 있답니다.
어떻게 하면 계획을 잘 세울 수 있을까요?

옛날 어느 임금님이 며느릿감을 찾으려고 전국에 방을 붙였어요.

임금님이 내건 며느릿감의 자격은 다음과 같았어요.

"쌀 한 말을 가지고 자신과 남자 일꾼, 여자 일꾼 이렇게 세 명이 한 달을 살아야 한다."

전국의 수많은 아가씨들이 임금님의 며느리가 되고 싶어서 여기에 도전했어요. 그러나 아무리 쌀을 아껴서 밥을 지어 먹어도 열흘을 넘길 수 없었지요. 결국 모두 도중에 포기하고 말았어요. 쌀 한 말 가지고 세 명이 한 달을 견디는 건 불가능해 보였어요.

그러던 어느 날, 한 아가씨가 자신이 해 보겠다며 나섰어요. 그 아가씨는 임금님이 그런 조건을 내건 데는 뭔가 특별한 이유가 있을 거라

이 아이가 바로 왕자의 배필이니라.

쌀 10섬, 돈 100냥, 비단 5필!

고 생각했지요. 아가씨는 다음과 같이 계획을 짰어요.

> 1. 첫째 날 : 하루 세 끼 밥을 지어서, 남자 일꾼 여자 일꾼과 함께 배불리 먹는다. 그리고 모두 푹 쉰다.
> 2. 둘째 날 : 남자 일꾼에게 산에 가서 땔감 나무를 해 오게 해, 그것을 시장에 내다 팔아 돈을 번다. 여자 일꾼에게는 동네를 돌아다니며 삯바느질할 일들을 모아 오게 한다. 여자 일꾼과 삯바느질을 함께 해서 돈을 번다.
> 3. 일주일이 지나면 먹을 쌀이 없어질 것이다. 그때 그동안 번 돈으로 쌀 가게에 가서 쌀을 사 온다.
> 4. 이렇게 날마다 일하고 돈을 벌어서 마지막 날에는 최소한 100냥을 남긴다.

아가씨는 자기가 짠 계획대로 실천했어요. 그랬더니 세 명이 매일 밥을 넉넉하게 해 먹고도 한 달 후에 오히려 쌀이 남았어요. 뿐만 아니라 돈 100냥도 저축할 수 있었어요. 아가씨는 쌀과 돈을 시험관에게 보여 주었어요. 시험관의 보고를 받은 임금님은 그 아가씨의 지혜에 감탄했어요. 물론 그 아가씨는 임금님의 며느리로 당당히 합격했지요.

계획을 세우는 습관을 키우려면?

계획이란 목표를 달성하기 위해서 준비하는 모든 과정이에요. '제주도에 간다.'라는 목표를 세웠으면 날짜를 정하고, 교통편을 정하고, 함께 갈 사람도 정하고, 돈도 마련해야 하고, 어느 곳을 방문해야 할지도 정해야 해요. 이것이 모두 계획이에요. **계획은 목표가 정해져야 세울 수 있어요. 그리고 계획을 잘 짜야 목표를 훌륭하게 달성할 수 있지요.**

『흥부와 놀부』에 나오는 흥부는 마음은 착하지만 능력 없는 사람이에요. 일을 계획하는 습관이 전혀 없고 요행을 바라면서 살아가지요. 아이들을 24명이나 낳았어요. 돈도 못 벌면서 이렇게 많이 낳았으니 항상 가난할 수밖에요. 또 집을 지을 때 혼자서 하루 만에 대충 지었어요. 수숫대와 뺑대(뺑쑥의 줄기)를 베어 가지고 그것을 얼기설기 엮어 집을 지었던 거예요. 흥부에게는 설계도도 소용없고 다른 일꾼도 필요 없었어요. 나중에 흥부는 부자가 되었지만, 노력해서 이룬 건 아니었어요. 다리 다친 제비를 고쳐 주어 행운을 잡은 것뿐이지요. 흥부의 삶에는 계획이 전혀 없었답니다.

우리나라는 참 저력이 있는 나라예요. 세계에서 가장 큰 행사가 셋이 있는데 첫째는 올림픽 경기대회, 둘째는 월드컵 축구대회, 셋째는 국제 박람회예요. 올림픽 경기대회는 1988년에 이미 성공적으로 치렀고, 월드컵 축구대회도 2002년에 성공적으로 마쳤어요. 그리고 국제 박람

회는 2012년 여수에서 개최하게 되었어요. 지도자와 국민이 힘을 모아 계획하고 준비했기 때문에 이런 세계적인 행사들을 유치할 수 있었던 거예요.

세계적인 큰 행사든 개인의 사소한 활동이든 모두 계획을 잘 세우면 훌륭하게 이루어 낼 수 있어요. **5분이라는 짧은 시간도 계획적으로 사용하면 계획 없이 사용하는 1시간보다 더 효과를 거둘 수 있지요.** 1천 원의 돈도 계획적으로 사용하면 1만 원을 계획 없이 쓴 것보다 훨씬 나은 결과를 얻을 수 있어요.

시간 관리는 한 마디로 '계획'이라고 할 수 있어요. 계획을 잘 세우는 것이 가장 좋은 시간 관리 방식이에요. 벼락치기 식으로 공부하는 사람은 계획이 없는 사람이에요. 그렇기 때문에 좋은 성적을 기대하기 어렵죠. 어떤 행사를 할 때 계획을 치밀하게 세우면 시간과 돈과 노력의 낭비를 막으면서도 훌륭하게 치러 낼 수 있어요.

아무리 바빠도 우선 차분하게 계획을 세우고 행동하는 사람이 머리가 좋은 사람이에요. 모든 일을 할 때 계획을 세우는 습관을 갖는 여러분이 되세요.

계획의 중요성

계획을 세워 일하는 사람이 있고, 계획 없이 대충대충 일을 하는 사람이 있어요. 계획적인 사람이 시간도 잘 관리합니다.

결국 흥부는 인생 계획을 다시 짜야 했어요.

시간 감각 기르기

1. 다가오는 여름 방학에 가족과 제주도 여행을 간다고 가정하고, 가족을 대표해 그 계획을 여러분이 한번 짜 보세요.
   (힌트: 누가, 언제, 어디서, 무엇을, 어떻게, 왜의 여섯 가지 질문을 활용해 보세요.)

   _____
   _____
   _____

2. 이번 학기에 학교 성적을 10점 올리기 위한 계획을 세워 보세요.
   (힌트: 과거에 하던 방법과 새로 생각해 낸 방법을 섞어서 세워 보세요.)

   _____
   _____

3. 여러분이 멀리 떨어져 있는 친척 집을 찾아가려고 해요. 혼자 간다면 어떻게 가야 할지 그 방법을 적어 보세요.
   (힌트: 먼저 주소지를 확인한 뒤, 거기에 가는 교통편을 자세히 적어 보세요.)

   _____
   _____

시간 관리에 성공한 위인들

통계로 시간을 정복한다

류비셰프

러시아의 유명한 곤충학자 류비셰프는 단 1분도 헛되이 보내지 않으려고 노력했어요. 그는 82세까지 살면서 70권의 학술 서적을 냈고, 총 1만 2,500여 장에 달하는 논문과 연구 자료, 283통의 편지를 남겼어요. 그가 1965년 어느 날에 쓴 일기를 소개할게요.

- 소스노코르스크 시 방문 - 15분
- 기본 과학 연구 : 도서 색인 - 15분, 도브잔스키 저서 읽기 - 1시간
- 곤충 분류학 : 견학 - 2시간 30분, 두 개의 그물 설치 - 20분, 곤충분석 - 1시간 55분
- 휴식 (처음으로 우흐타 마을에서 수영을 함)
- 이즈베스티야 잡지 - 20분 읽음 • 안드론에게 편지하기 - 15분
- 호프만 소설 『황금 단지』 읽기 - 1시간 30분 • 의학 신문 읽기 - 15분

기본 업무 소요 시간 총계 : 6시간 15분

류비셰프는 매일 이런 방식으로, 사용한 시간을 측정하고 한 달이 지나면 그 달의 통계를 내곤 했어요. 1965년 8월에는 휴식 시간을 제외한 기본 업무에 총 136시간 45분을 썼다고 기록되어 있어요. 그 내용은 다음과 같아요.

- 기초과학 연구 – 59시간 45분
- 곤충 분류학 – 20시간 55분
- 추가 업무 – 50시간 25분
- 곤충 조직 연구 – 5시간 40분

총계 – 136시간 45분

그는 1916년부터 1972년, 세상을 떠나는 마지막 그날까지 56년 동안 단 하루도 빠지지 않고 일기를 썼는데 일기의 핵심은 바로 '시간'이었어요.

이렇게 시간을 통제한 류비셰프에게는 언제나 여유가 있었어요. 잠은 매일 10시간을 잤으며 시간에 쫓기지 않고도 많은 일을 할 수 있었답니다.

▪▪▪

류비셰프는 1890년 러시아에서 태어났어요. 그는 곤충 분류학을 연구해 유기체의 형태 및 체계, 진화론, 수리 생물학, 유전학 등에 걸쳐 방대한 저서를 남기며 20세기 러시아 과학사를 이끌었답니다.

류비셰프는 하루를 마감하고 잠자리에 들기 전에 무슨 일에 얼마만큼의 시간을 썼는지 철저히 계산했어요. 시간 활용을 제대로 했는지 낭비는 없었는지도 살폈고요. 그는 이렇게 시간을 통제해서 사용했기 때문에 남들보다 시간을 배로 사용할 수 있었지요.

류비셰프처럼 자신이 사용한 시간을 측정하는 일은 간단해 보이지만 아무나 할 수 있는 건 아니에요. 용기와 끈기가 있어야 해요.

뛰어난 시간 관리 전문가인 피터 드러커 박사는 시간을 잘 활용하고 싶다면, 자기가 시간을 어떻게 쓰고 있는지 며칠간만 일일이 적어 보라고 했어요.

류비셰프는 시간 일지를 쓰는 일이 처음에는 꾸준히 하기가 어려웠고, 친구들조차 그를 이해해 주지 않아 답답했대요. 하지만 습관이 되고 나니 그 방법 없이는 일을 할 수 없을 정도가 되었다고 해요. 역시 습관의 힘은 대단하죠?

그에게는 무엇보다 공부와 연구가 우선이었고, 이를 위해서 많은 시간을 투자하려고 노력하였어요. 시간 일지를 쓰고부터는 자신의 몸속에도 시계가 있는 것처럼 시간 감각이 예민해졌다고 해요. 즉 몸으로 시간을 느꼈대요. 그래서 시간을 정확히 예측할 수 있게 되었다고 해요. 또 30분도 매우 긴 시간임을 알게 되었고 시간을 낭비하는 버릇도 없어졌다는군요.

시간을 낭비하고 있다는 생각이 든다면, 류비셰프가 했던 것과 같은 방식을 따라해 보세요. 행동한 모든 것을 다 기록하지 않고 중요한 것 몇 가지만 기록해도 큰 효과를 거둘 거예요.

자투리 시간을 잘 활용한 류비셰프

류비셰프는 일을 하는 데에만 시간을 쏟지는 않았어요. 잠자는 시간을 줄이며 무리하게 일한 것도 아니에요. 공연을 보러 다니는 등 휴식 시간도 가졌어요. 충분히 쉬면서 일했는데도 많은 업적을 남길 수 있었던 까닭은 자투리 시간을 잘 활용했기 때문이에요. 류비셰프는 일하는 시간, 밥 먹는 시간, 휴식 시간, 잠자는 시간, 딸과 놀아 주는 시간까지 하루 24시간을 세세하게 분까지 계산해서 절대 낭비하는 시간이 없도록 관리했답니다.

시간 정복 시작하기

1. 앞으로 3일 동안 시간 일지를 써 보세요. 한 일을 구체적으로 적고, 그 일에 걸린 시간을 분 단위까지 써 보세요.
   (예: 게임 30분, 휴식 20분, 책상 정리 10분 등)

   _____
   _____

2. 매일 시간 일지를 쓰면 어떤 효과가 있을까요?
   (예: 목표가 분명해진다. 시간을 어디에 사용했는지 알게 된다.)

   _____
   _____

3. 시간 일지를 계속 쓰려면 어떤 노력이 필요할까요?
   (예: 인내심과 끈기, 목표를 늘 확인하는 것 등)

   _____
   _____

자투리 시간 활용 계획을 세운다

하루에 15분의 자투리 시간을 활용한다면
1년 후에는 악기를 하나 연주할 수 있습니다.

외국인과 대화할 수 있는
영어 실력을 키울 수도
있어요.

3년간 계속한다면 한 분야의
전문가가 될 수 있지요.

자투리 시간을 절대 그냥
흘려보내지 마세요.

'자투리'란 옷을 만들다가 남은 천조각을 말해요. 그것은 별 쓸모가 없어서 버려지기 일쑤죠. 하지만 잘 이용하면 멋있는 인형을 만들 수 있고 베개나 방석을 만들 수도 있어요.

옷감뿐 아니라 시간에도 자투리가 있어요. 예정한 것보다 일이 빨리 끝나서 생기기도 하고, 갑자기 일이 취소가 되어 생기기도 하고, 누구를 기다리는 동안에 생기기도 해요. **자투리 시간을 '조각 시간', '짧은 시간', '틈', '보너스 시간', '대기 시간'이라고 부르기도 해요.**

자투리 시간은 대개 예상하지 못하는 사이에 생기고, 그 길이도 일정하지 않아요. 그런데 이런 자투리 시간을 잘 활용하면 나중에 엄청난 이익이 돌아와요. "티끌 모아 태산."이라는 속담처럼 적은 것이 자꾸 모이면 큰 것을 이루는 원리지요. 하지만 대부분의 사람은 자투리 시간을 전혀 활용하지 않고 그냥 흘려보내요.

하루 동안 얼마나 자투리 시간이 많이 생기는지 한번 볼까요? 학교에 갈 때, 학교에서 집으로 돌아올 때, 친구와 잡담할 때, 빈둥거릴 때, 장난칠 때, 버스나 지하철을 기다릴 때, 수업 전후 빈 시간에, 공상할 때, 아침에 일어나서 멍하게 있을 때, 화장실 갈 때 등 참 많아요.

자투리 시간을 잘 활용하고 싶나요? 그렇다면 "깨어 있는 시간을 모두 쓸모 있게 쓴다!" "나에게는 버릴 시간이 전혀 없다."라는 마음을 가지세요. 시간은 금처럼 귀중해요. 시간은 버릴 것이 하나도 없어요.

자투리 시간 5분 동안에 간단한 수학 문제를 풀 수가 있어요. 하루 5분에 한 문제씩 1년 동안 푼 사람과 그렇지 않은 사람과는 문제집 한 권 이상의 차이가 나게 되지요.

이제 자투리 시간 활용 방법에 대해 구체적으로 생각해 볼까요?

우선 자투리 시간을 활용할 계획을 가지고 있어야 해요. 시간이 나면 해야 할 일의 목록을 수첩이나 다른 종이에 적어 놓으세요. 그러면 목적 의식이 뚜렷해져서 자투리 시간이 날 때 활용하기 쉽지요.

그리고 **자투리 시간 활용 메뉴를 만드는 거예요.** 자투리 시간의 내용과 특징이 사람마다 각각 달라요. 그래서 자기에게 잘 맞는 시간 활용 메뉴를 만들면, 자투리 시간이 생겼을 때 골라서 사용할 수 있어 편리해요.

지금부터 상황에 따른 자투리 시간 활용법을 알아볼까요?

자투리 시간은 특히 어딘가로 이동할 때 많이 생겨요. 지하철을 기다릴 때, 지하철을 타고 있을 때, 약속 장소에 너무 빨리 도착했을 때에 여러 크기의 자투리 시간이 생기지요. 이런 자투리 시간에 맞춰 할 수 있는 일을 준비해 두면, 이 시간을 이용해서 많은 일을 할 수 있어요. 친구와 만날 장소를 서점으로 정하는 것도 좋아요. 그러면 약속 장소

자투리 시간에 할 수 있는 일들

- 5분: 이메일 확인, 전화 한 통, 간단한 숫자 놀이, 책상 정리, 복도를 걷기, 내일 해야 할 일 구상하기 등
- 10분: 영어 회화 연습, 짧은 산책, 줄넘기, 공책을 보며 공부한 내용을 다시 확인하기, 창의성 향상을 위한 낙서 등
- 15분: 월간 잡지 읽기, 모르는 영어 단어나 문장 외우기, 시험 문제집 풀기, 눈을 감고 명상하기 등
- 30분: 서점 가기, 책 읽기, 소파에서 잠깐 잠자기, 휴식 등
- 1시간: 숙제하기
- 2시간: 책 1권 읽기

에 일찍 도착해도 버리는 시간이 없게 되죠. 기다리는 동안 서점에 진열된 책을 보면 되니까요.

『톰 아저씨의 오두막』이라는 작품은 링컨의 '노예해방운동'에 불을 붙인 책이에요. 그 책을 쓴 스토우 부인은 자녀가 많았고 남편은 무능했어요. 그녀는 가족을 돌보느라 다른 작가들처럼 여유를 가지고 글을 쓸 시간이 없었어요. 하지만 스토우 부인은 부엌에서 입에 연필을 물고 빵을 구우면서 틈틈이 그 책을 썼지요. 자투리 시간을 잘 활용해서

명작을 탄생시킨 거예요.

  '왈츠의 황제'로 불리는 요한 슈트라우스는 식당에서 음식을 주문하고 나서 음식을 기다리는 시간을 활용해 메모지에 악보를 그려 작곡한 인물로 유명해요. 링컨 대통령은 이동하는 열차 안에서 연설문 원고를 작성하는 등 시간을 철저히 활용했다고 해요.

  우리에게 버릴 시간은 하나도 없어요. 평소에 자투리 시간을 꾸준히 잘 활용하세요. 그러면 그 자투리 시간이 나중에 굉장한 보상을 해 줄 거랍니다.

시간 정복 실천하기

1. 학교에 가고 오는 시간을 어떻게 활용하는 것이 좋을지 적어 보세요.
   _____

2. 화장실에 가서는 어떻게 시간을 활용하는 것이 좋을지 적어 보세요. (예: 벽에 붙인 단어나 명구를 외운다.)
   _____

3. 여행할 때 자투리 시간을 활용할 수 있는 방법을 적어 보세요.
   (예: 책을 가지고 가서 시간 나는 대로 읽는다. 안내인의 말을 열심히 적는다.)
   _____
   _____

4. 내 주위에 자투리 시간을 잘 활용하는 사람이 있다면 그 사람의 자투리 시간 이용법을 관찰해서 적어 보세요.
   _____
   _____

오늘 나는 이렇게 시간을 보냈습니다.

_____년 _____월 ____일 ____요일

시간(오전)	무슨 일을 했나?	시간(오전)	무슨 일을 했나?
6 00 / 15 / 30 / 45		10 00 / 15 / 30 / 45	
7 00 / 15 / 30 / 45		11 00 / 15 / 30 / 45	
8 00 / 15 / 30 / 45		12 00 / 15 / 30 / 45	
9 00 / 15 / 30 / 45			

시간(오후)	무슨 일을 했나?	시간(오후)	무슨 일을 했나?
1시 00/15/30/45		6시 00/15/30/45	
2시 00/15/30/45		7시 00/15/30/45	
3시 00/15/30/45		8시 00/15/30/45	
4시 00/15/30/45		9시 00/15/30/45	
5시 00/15/30/45			

내가 오늘 정복한 시간은?
○○시간 ○○분

- 가장 먼저 해야 할 일
- 우선순위를 잘 정하는 방법은?
- 시간 관리에 성공한 위인들 : 이순신 "이길 수 없는 싸움은 없다"
- 독서로 미래의 시간을 절약한다

 여섯째 날

일의 우선순위를 정하는 법

급한 일과 중요한 일 중심으로!

가장 먼저 해야 할 일

어떤 일을 할 때는 먼저 해야 할 일, 나중에 해야 할 일, 하지 말아야 할 일을 잘 구분해야 해요. 그리고 해야 할 순서대로 번호를 매겨서 한 번에 한 가지씩 해 나가는 거예요.
아직 무엇을 먼저 해야 할지 모르겠다고요? 그럼 함께 알아봐요.

우리나라에서 이탈리아에 성악을 공부하러 간 학생이 있었어요.

그는 집안 형편이 넉넉지 못했지만 유명한 성악가가 될 꿈을 안고 열심히 공부했어요.

유학 가서 처음 맞는 방학이 왔어요. 그에게 한국인 관광객들을 안내할 기회가 생겼어요. 관광 안내를 해 보니 제법 돈벌이가 되고 재미도 있었어요. 그래서 그는 아예 학교를 휴학하고 본격적으로 여행 안내일에 뛰어들었어요. 관광객들을 안내하는 분주한 일상이 계속되었고 그러는 사이 어느덧 시간은 3년이나 흘러 버렸어요. 유명 성악가가 되겠다는 꿈은 희미해진 채 그는 정신없이 돈벌이에만 몰두했어요. 언제 대학으로 다시 돌아가서 공부를 할지는 마음을 정하지 못하고 있었지요.

하지만 관광객을 안내하는 일이 날마다 있는 것은 아니었어요. 관광객이 없던 어느 날, 그는 문득 자신이 잊고 있던 꿈을 떠올렸어요. 원

래 이탈리아에 온 목적이 관광 안내를 하기 위한 것이 아니었다는 걸 절실히 깨달았어요. 하지만 이미 자신의 꿈은 너무 멀리 있었어요. 학교에 돌아가기에는 너무 늦어 버렸거든요. 일하느라 노래 연습도 하지 못한 채 나이만 든 것이지요.

그는 관광 안내 일을 시작한 것을 후회했지만 그때는 이미 소용이 없었어요.

이 학생은 어떤 일을 먼저 하고 어떤 일을 나중에 할지 순서를 제대로 정하지 않았기 때문에 결국 중요한 일을 하지 못하게 되었답니다. 유학을 간 목적은 공부를 하러 간 것이지 돈을 벌려고 간 것은 아니니까요.

우선순위를 잘 정하는 방법은?

우리는 매일 해야 할 일이 많아요. 공부해야 할 과목도, 만나야 할 친구도, 사야 할 물건도 많아요. 해야 할 일은 많고 시간이 부족하니 혼란스럽고 힘이 들어요. 어느 것만 선택해서 하는 것도 쉽지 않고요.

해결책은 무엇일까요? 바로 '우선순위'를 올바로 정하는 거예요. **우선순위란 일의 중요한 정도에 따라 순서를 정하는 거예요. 우선순위를 올바로 정할 수 있다면 하루를 질서 있고 여유 있게 살아갈 수 있어요.** 또 적은 시간에 많은 일을 할 수 있고요. 참 신기하지요?

자, 오늘 할 일의 목록을 쓰고 먼저 해야 할 순서대로 번호를 매겨 보세요. 그리고 번호대로 실천해 보는 거예요. 엄청난 효과를 거둘 거예요.

우선순위를 잘 정해서 실천하면 일생 동안 많은 이익을 남기면서 살아갈 수 있어요. 반대로 우선순위를 잘 정하지 못하면 많은 노력을 해도 손해만 보는 삶을 살기 쉬워요. 무작정 일을 많이 하는 것보다는, 중요한 일을 하는 게 더 가치가 있답니다.

그렇지만 우선순위를 올바로 정하는 것은 좀 어렵기도 해요. 이것이 더 중요한지 저것이 더 중요한지 판단을 해야 하는데 그게 쉽지가 않으니까요. 또 선택할 것들이 너무 많아서 혼란스러울 때도 있지요. 그럼에도 우리는 꼭 선택해야 해요. 옆쪽의 표가 도움이 되리라 믿어요.

우선순위를 잘 정하는 방법

- 첫째, 생각을 깊이 하고 선택을 해야 한다. 생각을 깊이 하는 것을 '심사숙고한다'라고 한다.

- 둘째, 멀리 내다보고 선택을 해야 한다. 바로 앞일만 생각하고 선택하면 후회하는 일이 많다.

- 셋째, 중요한 것과 그렇지 않은 것을 구별하는 능력을 길러야 한다. 중요한 것을 먼저 해야 우선순위가 바르게 정해진 것이다.

- 넷째, 어떤 것을 선택해야 할지 모를 경우에는 부모님이나 선생님, 혹은 그 방면의 전문가에게 물어본다.

우선순위는 개인에 따라서, 때와 장소에 따라서 달라요. 나이에 따라서도 달라요. 같은 일이라도 어떤 사람에게는 중요하고 어떤 사람에게는 시시하게 느껴져요. 배가 고플 때는 밥 먹는 일이 중요하게 여겨지고, 병이 들었을 때는 건강을 회복하는 것이 중요하게 여겨져요. 그러면 어린 시절에 가장 중요한 건 무엇일까요? 여러 가지가 있겠지만 공부하는 것이 가장 중요하겠지요?

우선순위

중요한 일을 먼저 하면 사소한 일도 할 수 있지만 사소한 일을 먼저 하면 정말 해야 할 중요한 일은 놓쳐요. 그래서 큰 손해를 보지요.

하루에 10가지 일을 할 수 있을까?

헉! 어떻게 하루에 그걸 다 해요?

다 방법이 있지. 시간대별로 할 일을 정해서 하나씩 하는 거야.

아, 자투리 시간에 할 일까지 적으면 되겠다!

무슨 일을 제일 먼저 해야 하지? 게임? 아니지. 숙제가 우선이라고! 암암…

1. 숙제
2. 식사
3. 휴식
4. 피아노

시간 감각 기르기

1. 열심히 공부하고 있는데, 친한 친구에게서 놀러 가자는 문자 메시지가 왔어요. 어떻게 하는 것이 좋을까요?
   _____

2. 사소한 것을 먼저 해야 할까요? 중요한 것부터 먼저 해야 할까요?
   _____

3. 자기가 좋아하는 일만 해야 할까요? 싫어하는 것도 과감히 해야 할까요?
   _____

시간 관리에 성공한 위인들

이길 수 없는 싸움은 없다

이순신

임진왜란이 끝나고 5년 뒤, 일본군이 다시 우리나라에 쳐들어왔는데 이것이 정유재란이에요. 이때 이순신 장군은 모함을 당해서 서울로 잡혀 갔어요. 그런데 원균 장군이 일본군에 패해 전사하고 난 뒤 이순신 장군은 다시 3군 통제사가 되었어요. 이순신 장군이 또다시 통제사로 온다는 소식에 한산도의 수많은 백성이 이순신을 맞으러 나왔어요. 이순신 장군이 와서 보니 한산도 본영은 옛날 모습을 찾아볼 수 없이 폐허가 되어 있었어요. 6,000명이나 되던 수군은 겨우 120명쯤 남았고, 수백 척의 배도 모두 잃거나 부서지고 성한 배라고는 고작 12척이 전부였어요. 진영 내의 건물들도 텅텅 비어 쓸쓸하기만 했어요.

임금님은 이 사실을 알고 이순신 장군에게 바다를 버리고 육지로 올라와 싸우라고 명령하였어요. 그러나 이순신 장군은 즉시 장계를 올렸어요. 장계란 지방에 간 관원이 임금님께 올리는 편지를 말해요.

"아직 이 신하에겐 12척의 배가 있습니다. 죽을힘을 다해 싸우면 이길 수도 있습니다. 만약 우리 수군이 모두 육지로 가 버린다면 이것이 야말로 적들이 바라는 일이 될 것입니다. 비록 배의 수가 적기는 하나, 제가 죽지 않은 이상 적이 감히 우리를 업신여기지 못할 것입니다."

그 의견은 가까스로 받아들여졌어요. 이순신 장군은 부서진 배를 수리하고 총포를 비롯한 무기들을 부지런히 장만했어요.

이순신 장군은 장수들을 모아 놓고 힘을 다해 싸우자고 호소했어요. 그의 말에 모든 장수는 죽을 각오로 적과 싸우기로 다짐했어요.

마침내 적들이 수많은 배를 앞세우고 기세등등하게 쳐들어왔어요. 이순신 장군은 기다렸다는 듯 수군을 거느리고 당당히 나아갔어요. 명량 앞바다에서 두 나라의 배들은 마주하고 섰어요. 이순신 장군이 거느린 배는 12척, 적들의 배는 133척이었어요. 적들의 배가 순식간에 이

순신 장군이 거느린 12척의 배를 포위했어요. 이순신 장군은 두려워하지 않고 적의 대장선을 용감하게 공격했어요. 우리 수군은 적의 배 3척을 부수고 대장 구루시마를 사로잡았어요. 적들은 대장을 잃자 겁에 질려 허둥지둥 뱃머리를 돌려 달아나려 했어요. 그러나 때마침 바닷물의 흐름이 바뀌어 적들의 배는 움직이기 어려웠어요. 결국 모두 바닷속으로 침몰하고 말았지요. 12척의 배로 133척의 배를 거느린 일본군을 크게 물리친 이 싸움이 바로 그 유명한 '명량해전'이에요.

■■■

1545년에 태어난 이순신 장군은 어려서부터 남다른 노력을 했어요. 그는 명나라의 병법 책을 거의 다 구해서 읽고 또 읽었어요. 전쟁의 원리를 익힌 거죠. 또 항상 미리 계획을 세웠어요. 깊이 생각하는 습관을 가졌으며 거의 완벽에 가까울 정도로 모든 일을 철저히 실행했어요. **이순신 장군은 과학적으로 생각하고 합리적으로 행동했어요.**

47세에 전라좌수사가 된 그는 바다 건너 일본에서 흘러나오는 소문에 귀를 기울였어요. 일본이 수많은 병선과 무기들을 만들고 있다는 소문을 듣고, 곧 왜군이 쳐들어올 것을 예측하였어요.

이순신 장군은 전쟁에 대비하기 시작했어요. 그는 실천 계획을 짰어요.

> 첫째, 수군이 주둔할 진지를 튼튼히 쌓는다.
> 둘째, 새로운 화포와 무기를 열심히 만든다.
> 셋째, 군사 훈련을 철저히 한다.
> 넷째, 왜적과 맞서 싸울 만한 새로운 전투함을 만든다.

첫째에서 셋째까지는 비교적 쉬운데, 넷째 계획은 도저히 불가능하게 보였어요. 어떻게 배를 만들까, 여러 날 고민을 하던 그는 우연히 한 장의 문서를 발견했어요. 그것은 태종 때 만들어진 거북선에 관한 자료였어요. 그것을 참고로 전라 좌수영의 나대용 군관에게 거북선을 만들라고 지시했어요. 나대용은 열심히 연구하여 드디어 거북선을 만들고 실험을 했어요. 대성공이었어요.

그의 예측대로 거북선이 완성된 지 15일 만에 일본군이 수백 척의 배를 거느리고 부산 앞바다로 침략해 왔어요. 거북선 덕에 이순신 장군은 큰 승리를 거머쥘 수 있었지요.

자기 관리와 시간 관리에 엄격했던 이순신

이순신 장군은 뚜렷한 인생 목표와 철학을 지니고 있었어요. 어떤 환경에 처해도 처음 마음을 잃지 않고 자신이 계획한 것을 실천해 나갔어요. 이순신 장군은 현명한 시간 관리자였고, 원칙주의자였어요. 원칙을 지키다 상사에게 미움을 받기도 했지만, 부하들로부터는 신뢰를 받았어요. 스스로 모범을 보였기 때문이에요. 그는 또 기록하는 습관을 가지고 있었어요. 7년의 전쟁 기간 동안 쉬지 않고 일기를 써서 『난중일기』라는 소중한 기록물을 남겼지요.

이순신 장군에게 배우는 시간 관리법

싸움이 없을 때라도 이순신 장군은 늘 군사들을 훈련시키며 대비를 철저히 했어요.

빈틈없이 준비하라!

어느 날, 일본 간첩의 거짓 정보에 속은 조정에서 출전 명령이 떨어졌어요.

일본군이 바다로 올 거라고? 내가 그동안 수집한 정보에 의하면 거짓 정보인 게 분명해. 이건 음모야.

이순신 장군은 확신 없는 싸움에는 절대 나서지 않았어요. 결국 출전하지 않은 장군은 모함을 받아 귀양을 가고 말았어요.

하지만 곧 풀려나 임진왜란을 승리로 이끌었지요. 이순신 장군만큼 능력 있는 장수가 없었거든요.

미리 준비만 한다면, 이길 수 없는 싸움은 없어!

이순신 장군이 천하무적이었던 이유는 싸움에 나서기 전 언제나 철저히 대비한 시간들이 있었기 때문이에요.

시간 정복 시작하기

1. 이순신 장군에 관한 책을 더 찾아 읽고, 이순신 장군이 나보다 뛰어난 점이 무엇인지 적어 보세요.

   _____
   _____

2. 이순신 장군은 어떻게 자기 자신과 시간을 관리했는지 적어 보세요.

   _____
   _____

3. 이순신 장군이 싸움에서 승리를 거둘 수 있었던 비결을 적어 보세요.

   _____
   _____

독서로 미래의 시간을 절약한다

미국의 16대 대통령 링컨은 어린 시절 책 읽기를 무척 좋아했지만 가난하여 책을 쉽게 구할 수 없었어요.

한번은 어렵게 빌린 『워싱턴 전기』를 창가에 놓고 잠들었다가, 비바람 때문에 책이 엉망이 되었죠.

링컨은 책값으로 3일 동안 농사를 도와주고 나서 그 책을 갖게 되었어요.

결코 손에서 책을 놓지 말게. 그러면 자네는 더 나은 사람으로 살다가 죽을 걸세.

모든 학습의 기본은 책 읽기입니다. 다양한 종류의 책을 올바로 읽을 수 있다면 공부를 잘하게 되고 인격도 성숙해지지요. 어린이나 어른 할 것 없이 가장 가치 있는 습관 중의 하나가 책을 많이 읽는 거예요.

책을 많이 읽으면 국어 공부가 쉬워져요. 문장을 이해하는 능력이 자라기 때문이에요. 생각하는 힘이 생기고 단어 실력도 좋아져요. 논리적으로 생각할 수 있게 해 주며 많은 지식을 얻게 해 주지요. 또 말도 잘하게 되고, 글도 잘 쓰게 됩니다.

한번 생각해 보세요. **역사 속의 훌륭한 사람은 거의 모두가 책을 많이 읽었어요.** 우리나라의 세종대왕, 이순신 장군이 엄청난 독서가였고, 미국의 벤자민 프랭클린, 링컨 대통령도 책을 매우 많이 읽은 사람이었어요. 나폴레옹은 말 안장 위에서도 책을 읽었다고 하지요. 빌 게이츠는 비록 대학을 중퇴했지만 대단한 독서광이었어요. 책을 읽는 일은 중요해요. 왜냐고요? 책을 통해서 위대한 사람을 얼마든지 만날 수 있고 그와 이야기를 나눌 수 있기 때문이지요. 그래서 그 위대한 사람을 닮을 수도 있어요.

책 읽기를 좋아하지 않거나 책을 많이 안 읽는 어린이는 우선 책에 관심을 가져야 해요. 책을 잘 보이는 곳에 두세요. 그리고 만져 보세요. 한번 펼쳐서 쭉 훑어 보세요. 그 다음에는 몇 페이지만 읽어 보세요. 점점 책 읽는 분량을 늘려 가세요.

그러면 어떤 책을, 어떤 방식으로 읽어야 할까요. 이에 관해서는 전문적인 지도를 받는 것이 좋아요. 독서 스쿨이나 독서 지도사의 도움을 받으라고 권하고 싶어요. 교과서, 만화, 참고서만 읽지 말고 마음의 양식이 되는 좋은 책들을 읽으세요. 여러 권의 책을 읽는 것도 좋고, 한 권의 책을 수십 번 읽는 것도 좋아요.

책을 읽을 때도 닥치는 대로 읽기보다는 계획을 세워서 하면 효과적이에요. **우선 일 년 동안 몇 권의 책을 읽을 것인지 목표를 세우세요. 적어도 교양 도서 50권을 읽기로 목표를 정하세요. 다음으로는 매일 정해진 시간에 책을 읽으세요. 그러면 책 읽는 습관이 자연스레 길러져요.**

종종 서점에 가 무슨 책이 나왔나 살펴보는 것이 좋겠죠. 인터넷 서점을 둘러보는 것도 좋고요. 읽을 책을 정했으면 언제까지 읽겠다고 마감일을 정해 놓으세요. 그렇지 않으면 긴장감이 떨어져서 읽다가 그만두기 쉬워요. 책을 늘 가지고 다니세요. 이 습관을 들이면 1주일에 2권 정도는 충분히 읽게 되고 1년이면 100권을 읽을 수 있어요. 독서 노트를 준비해 그때그때 간단한 독후감을 남기세요. 인터넷 서점에 독자 리뷰를 써 보는 것도 독서를 도와주는 좋은 습관이지요. 책을 많이 읽는 만큼 남보다 앞설 수 있다는 걸 잊지 마세요.

시간 정복 실천하기

1. 독서 계획을 세워 보세요.

   - 하루 동안 읽을 책 : _____ 권
   - 한 달 동안 읽을 책 : _____ 권
   - 일주일 동안 읽을 책 : _____ 권
   - 일 년 동안 읽을 책 : _____ 권

2. 방학 동안의 독서 계획을 따로 세워 보세요.

   _____

   _____

3. 독서 시간을 늘릴 수 있는 방법을 3가지만 생각해 보세요.

   1) _____

   2) _____

   3) _____

오늘 나는 이렇게 시간을 보냈습니다.

_____년 _____월 _____일 _____요일

시간(오전)	무슨 일을 했나?	시간(오전)	무슨 일을 했나?
6 : 00 / 15 / 30 / 45		10 : 00 / 15 / 30 / 45	
7 : 00 / 15 / 30 / 45		11 : 00 / 15 / 30 / 45	
8 : 00 / 15 / 30 / 45		12 : 00 / 15 / 30 / 45	
9 : 00 / 15 / 30 / 45			

시간(오후)	무슨 일을 했나?	시간(오후)	무슨 일을 했나?
1 (00/15/30/45)		6 (00/15/30/45)	
2 (00/15/30/45)		7 (00/15/30/45)	
3 (00/15/30/45)		8 (00/15/30/45)	
4 (00/15/30/45)		9 (00/15/30/45)	
5 (00/15/30/45)			

내가 오늘 정복한 시간은?

○○시간 ○○분

| 부록 |

부록 1
엄마와 아이가 함께 쓰는 시간 일기

　엄마와 아이가 함께 쓰는 시간 일기장입니다.
　엄마의 칭찬과 조언은 아이에게 큰 힘이 될 것입니다.
　매일 각각의 주제에 맞춰 시간 일기를 쓰고, 그 내용을 실천한 다음 엄마와 함께 실행 결과에 대해 이야기 하는 시간을 가지세요. 한꺼번에 너무 많은 것을 하기보다는 한 가지라도 목표한 것을 꼭 실천해 보는 습관을 키우는 것이 중요합니다. 실행 결과는 내용에 따라 하루가 지난 다음 평가할 수도 있고, 일주일간 실천한 다음에 평가해 볼 수도 있습니다.
　혼자서 하기 어려울 때는 책의 해당 부분을 다시 한 번 읽어보고 계획을 세워서 꼭 실천에 옮기도록 하세요.

나의 시간 관리

첫째 날 | 시간의 개념과 가치

1초가 황금보다 비싸다고?

13~33쪽

● 시간 감각 기르기 ●

하루 중 가장 빨리 가는 시간, 가장 느리게 가는 시간을 적어 보세요.

● 시간 정복 시작하기 ●

벤자민 프랭클린 따라잡기 : 프랭클린처럼 자신이 실천하고 싶은 13가지의 항목을 만들어 보세요.

● 시간 정복 실천하기 ●

텔레비전, 컴퓨터, 휴대 전화의 사용 원칙을 만들어 보세요.

엄마와 함께 쓰기

무엇을 실천했나요?

엄마가 아이에게
(아이의 실천 항목 설정이 적절한지, 자신이 세운 원칙을 잘 지켰는지 말해 주세요.)

- 칭찬할 점

- 보완할 점

아이가 아이에게
(자신이 세운 계획과 원칙을 잘 지켰는지 생각해 보세요.)

- 칭찬할 점

- 보완할 점

둘째 날 | 어린이 시간 관리의 필요성

시간 낭비는 인생 최대의 실수
35~55쪽

● 시간 감각 기르기 ●

시간 관리가 왜 필요한지 자신의 생각을 써 보세요.

● 시간 정복 시작하기 ●

빌 게이츠 따라잡기 : 내가 가장 잘하는 일이 무엇인지 써 보세요.

● 시간 정복 실천하기 ●

시간 관리에 좋을 것 같은 습관 10가지를 써 보세요. 그리고 자신이 꼭 길러야 할 습관이 무엇인지도 적어 보세요.

엄마와 함께 쓰기

무엇을 실천했나요?

엄마가 아이에게
(자신의 적성을 잘 찾았는지, 노력할 점이 적절한지 말해 주세요.)
- 칭찬할 점

- 보완할 점

아이가 아이에게
(좋은 습관을 기르기 위해서 어떤 노력을 했는지 생각해 보세요.)
- 칭찬할 점

- 보완할 점

셋째 날 | 짧은 시간을 잘 쓰는 법
5분 동안 할 수 있는 일을 모두 말해 봐!

57~75쪽

● 시간 감각 기르기 ●

나에게 5분이 주어지면 무슨 일을 할지 적어 보세요.

● 시간 정복 시작하기 ●

공병우 따라잡기 : 하루 1440분을 분 단위로 나누어 하루 계획을 세워 보세요.

● 시간 정복 실천하기 ●

내가 사용하는 공간을 어떻게 정리 정돈을 할지 구체적으로 적어 보세요.

엄마와 함께 쓰기

무엇을 실천했나요?

엄마가 아이에게
(자투리 시간 활용법이 실제적인지, 정리 정돈 계획이 합리적인지 말해 주세요.)

- 칭찬할 점

- 보완할 점

아이가 아이에게
(계획대로 5분을 활용했는지, 정리 정돈을 했는지 생각해 보세요.)

- 칭찬할 점

- 보완할 점

넷째 날 | 목표를 세우는 방법
127가지 목표도 이룰 수 있다
77~97쪽

● 시간 감각 기르기 ●

일생 동안 이루고 싶은 일을 10개 이상 적어 보세요.

● 시간 정복 시작하기 ●

반기문 따라잡기 : 10년 후, 20년 후 내 모습을 상상해서 적어 보세요.

● 시간 정복 실천하기 ●

현재 내가 가장 먼저 해야 할 일은 무엇인지 적어 보세요.

엄마와 함께 쓰기

무엇을 실천했나요?

엄마가 아이에게
(아이가 상상한 미래의 모습이 현실적인지, 현재 먼저 할 일을 잘 선택했는지 말해 주세요.)

- 칭찬할 점

- 보완할 점

아이가 아이에게
(먼저 해야 할 일을 실천했는지, 정리 정돈을 잘 했는지 생각해 보세요.)

- 칭찬할 점

- 보완할 점

다섯째 날 | 목표를 실천하는 계획 짜기

계획을 세우면 버릴 시간이 없다

99~119쪽

● 시간 감각 기르기 ●

계획을 잘 세우려면 어떻게 해야 하는지 자신의 생각을 적어 보세요.

● 시간 정복 시작하기 ●

류비셰프 따라잡기 : 나의 하루 사용 시간을 통계표로 만들어 보세요.

● 시간 정복 실천하기 ●

나의 자투리 시간 활용 계획을 구체적으로 세워 보세요.

엄마와 함께 쓰기

무엇을 실천했나요?

엄마가 아이에게
(계획이 구체적인지, 현실에서 실천할 수 있는 계획인지 말해 주세요.)
- 칭찬할 점

- 보완할 점

아이가 아이에게
(자투리 시간을 얼마만큼 활용했는지 생각해 보세요.)
- 칭찬할 점

- 보완할 점

여섯째 날 | 일의 우선순위를 정하는 법

급한 일과 중요한 일 중심으로!

121~139쪽

● 시간 감각 기르기 ●

현재 자신이 해야 하는 일들을 먼저 해야 할 일 순서대로 적어 보세요. 단, 5가지 이상 적을 것.

● 시간 정복 시작하기 ●

이순신 따라잡기 : 내가 미리 준비해야 하는 일은 무엇이 있는지 적어 보세요.

● 시간 정복 실천하기 ●

나의 하루, 일주일, 일 년 독서 계획을 세워 보세요.

엄마와 함께 쓰기

무엇을 실천했나요?

엄마가 아이에게
(우선순위가 잘 선택되었는지, 중요한 일을 잘 파악하였는지 말해 주세요.)

- 칭찬할 점

- 보완할 점

아이가 아이에게
(미리 계획한 일이 있는지, 독서 계획을 실천했는지 생각해 보세요.)

- 칭찬할 점

- 보완할 점

부록 2

꿈을 이루어 주는 시간표 만들기

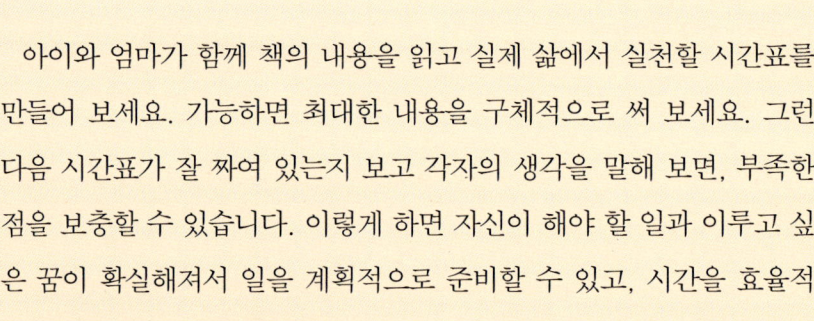

　아이와 엄마가 함께 책의 내용을 읽고 실제 삶에서 실천할 시간표를 만들어 보세요. 가능하면 최대한 내용을 구체적으로 써 보세요. 그런 다음 시간표가 잘 짜여 있는지 보고 각자의 생각을 말해 보면, 부족한 점을 보충할 수 있습니다. 이렇게 하면 자신이 해야 할 일과 이루고 싶은 꿈이 확실해져서 일을 계획적으로 준비할 수 있고, 시간을 효율적으로 활용할 수 있게 됩니다.

　그리고 반드시 정해진 시간이 지난 다음에 자신이 짠 시간표를 확인하고 얼마나 지켰는지 확인해 보세요. 목표를 실천했을 때마다 해당 항목에 체크하면 좋겠지요.

하루 시간표 만들기

하루 할 일을 시간 단위로 적어 보세요. 자투리 시간을 어떻게 활용할지까지 아래 칸에 적어 두면, 낭비하는 시간을 최소한으로 줄일 수 있습니다.

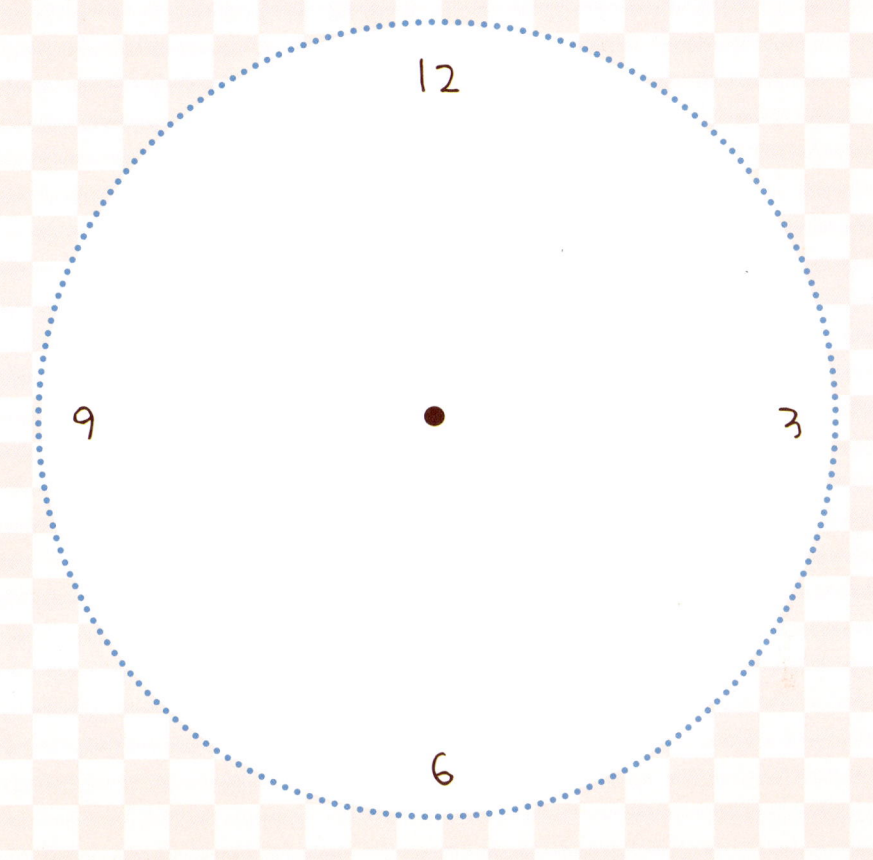

자투리 시간 활용 계획

하루 독서 계획

길러야 할 좋은 습관

실천한내용 | 오늘 하루 얼마만큼 목표를 실천했나요?

점수를 준다면 ○○**점**

일주일 시간표 만들기

6일간의 시간표를 만들어 보세요. 요일별로 해야 할 일을 구체적으로 적어 보세요.

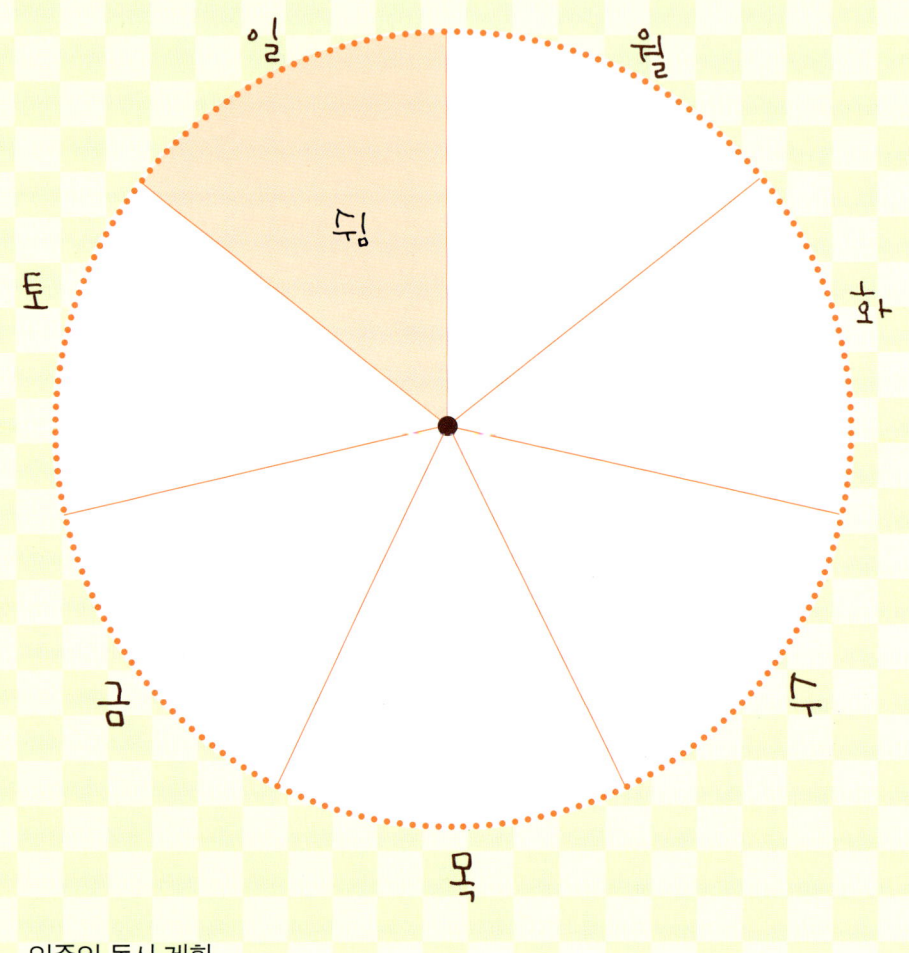

일주일 독서 계획

길러야 할 좋은 습관

실천한 내용	이번 주 얼마만큼 목표를 실천했나요?	점수를 준다면
		○○점

한 달 시간표 만들기

한 달 동안 이룰 목표를 일주일 단위로 써 보세요. 매주 일요일마다 자신의 목표를 확인해 봐야겠지요.

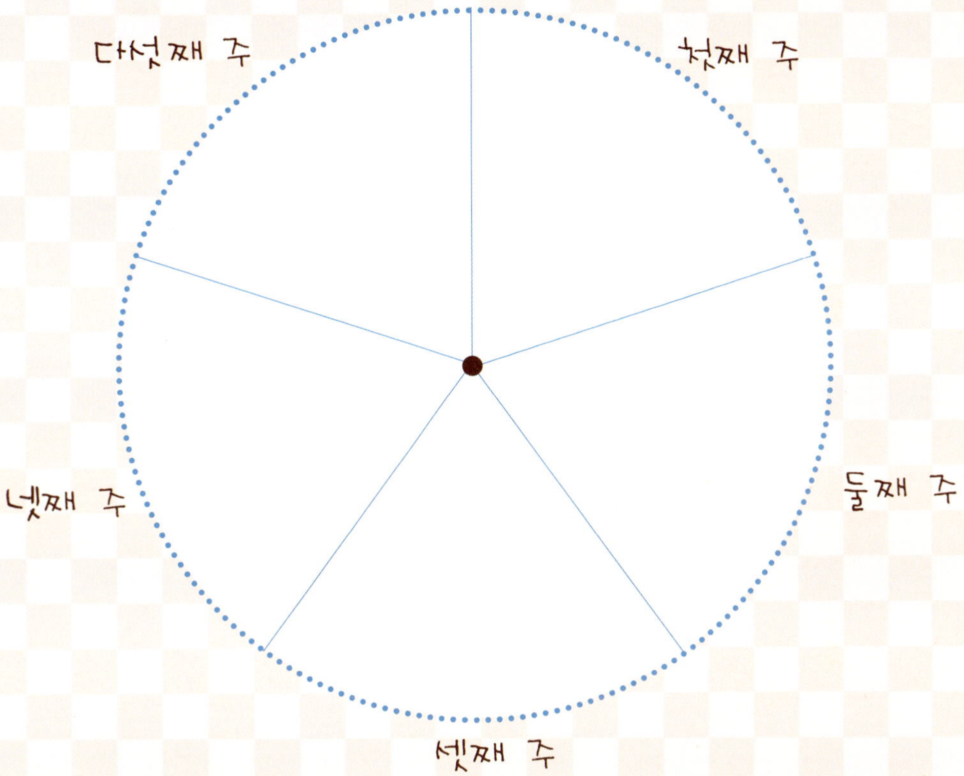

다섯째 주 / 첫째 주 / 둘째 주 / 셋째 주 / 넷째 주

한 달 독서 계획
한 달 저축 계획
한 달 성적 향상 계획
길러야 할 좋은 습관

| 실천한 내용 | 이번 달 얼마만큼 목표를 실천했나요? | 점수를 준다면 ○○점 |

1년 시간표 만들기

월별로 목표를 정하고 실천할 일을 적어 보세요. 한 달이 지날 때마다 시간표를 확인하고 실천한 일과 실천하지 못한 일을 체크해 보세요.

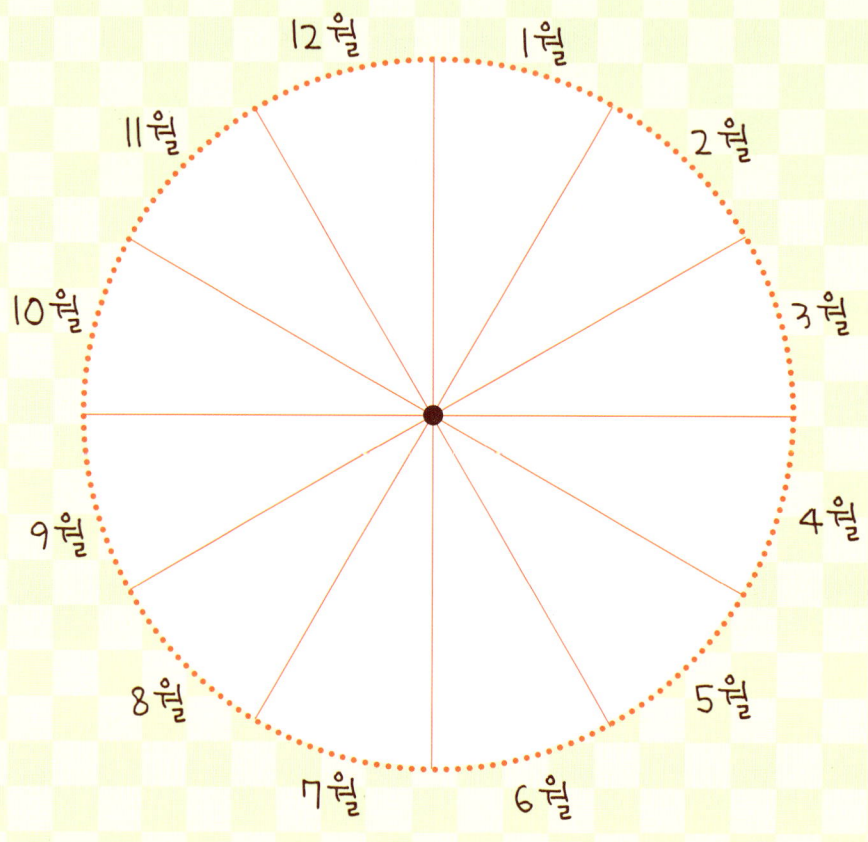

일 년 독서 계획

일 년 저축 계획

일 년 성적 향상 계획

길러야 할 좋은 습관

실천한 내용	1년 동안 얼마만큼 목표를 실천했나요?	점수를 준다면
		○○점

꿈을 이룰 수 있는 시간표 만들기

꼭 이루고 싶은 꿈 10가지를 적어 보세요. 이루고 싶은 순서대로 적으면 무슨 일부터 먼저 해야 할지 알 수 있어요.

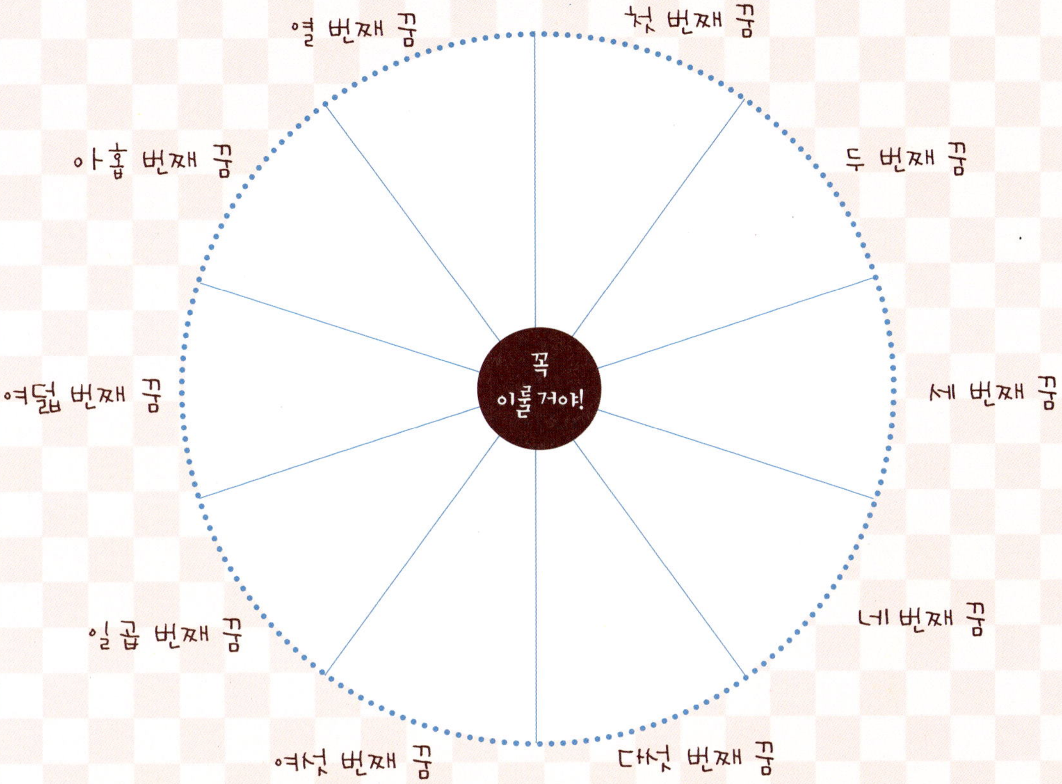

열 번째 꿈 · 첫 번째 꿈
아홉 번째 꿈 · 두 번째 꿈
여덟 번째 꿈 · 꼭 이룰 거야! · 세 번째 꿈
일곱 번째 꿈 · 네 번째 꿈
여섯 번째 꿈 · 다섯 번째 꿈

꿈을 이루는 독서 계획
꿈을 이루는 집중 공부 계획
꿈을 이루는 저축 계획
꿈을 이루는 좋은 습관

나의 다짐

**시간에 쫓기는 아이,
시간을 창조하는 아이,**

초판 1쇄 2009년 5월 10일
초판 11쇄 2021년 5월 5일

글쓴이 | 유성은
그린이 | 나일영
펴낸이 | 송영석

주간 | 이혜진
기획편집 | 박신애 · 김혜영 · 심슬기
외서기획편집 | 정혜경 · 양한나 · 송하린
디자인 | 박윤정 · 기경란
마케팅 | 이종우 · 김유종 · 한승민
관리 | 송우석 · 황규성 · 전지연 · 채경민

펴낸곳 | (株)해냄출판사
등록번호 | 제10-229호
등록일자 | 1988년 5월 11일(설립일자 | 1983년 6월 24일)

04042 서울시 마포구 잔다리로 30 해냄빌딩 5 · 6층
대표전화 | 326-1600 **팩스** | 326-1624
홈페이지 | www.hainaim.com
ISBN 978-89-7337-023-8

파본은 본사나 구입하신 서점에서 교환하여 드립니다.